信息时代电子商务的改革与发展研究

焦世奇　著

吉林摄影出版社
·长春·

图书在版编目（CIP）数据

信息时代电子商务的改革与发展研究 / 焦世奇著
. -- 长春 : 吉林摄影出版社, 2021.11
ISBN 978-7-5498-5115-7

Ⅰ. ①信… Ⅱ. ①焦… Ⅲ. ①电子商务－产业发展－研究－中国 Ⅳ. ①F724.6

中国版本图书馆CIP数据核字(2021)第234343号

信息时代电子商务的改革与发展研究

XINXI SHIDAI DIANZI SHANGWU DE GAIGE YU FAZHAN YANJIU

著　　者　焦世奇
责任编辑　王维夏
封面设计　晟　熙
开　　本　787 毫米 ×1092 毫米　1/16
字　　数　200 千字
印　　张　9.25
版　　次　2022 年 1 月第 1 版
印　　次　2022 年 1 月第 1 次印刷

出　　版　吉林摄影出版社
发　　行　吉林摄影出版社
地　　址　长春市净月高新技术开发区福祉大路5788号
　　　　　邮编：130118
网　　址　www.jlsycbs.net
电　　话　总编办：0431-81629821
　　　　　发行科：0431-81629829
印　　刷　北京宝莲鸿图科技有限公司

书　　号　ISBN 978-7-5498-5115-7　　　定　　价：56.00 元

前　言

时代在进步与发展，经济全球化的发展步伐也在不断加快，在此背景条件下，电子商务开始逐渐作为一种新兴的商务媒介出现在大众的面前，并且随着它的普及，电子时代随之来临，而在这种发展趋势之下，我国的经济发展速度也得到了显著提升。我国电子商务服务业在历经了多年的发展与不断完善后，无论是电子商务的产业规模，还是服务模式，抑或是产品，都显现出了迅猛发展的强劲势头，已然变成引导当代服务业发展与左右增长点的风向标，对国民经济与社会的不断成熟发展有着积极的影响。尤其在信息时代背景下的电子商务服务业的平稳、健康发展，更是对我国经济转型的升级起到了重要的推动作用。

电子商务需要有网络技术和营销理念的知识，人才是电子商务发展的第一要素。在行业分布上，计算机网络技术、销售业、市场公关、新闻媒体等领域对电商人才的需求较为旺盛，体现在电子商务促进了商贸业的发展，另外管理、文化产业也存在一定的需求潜力，各行各业对电商人才的需求领域不断拓展、数量不断增加。对于企业而言，技术创新和人才是企业发展的重要因素，而人才对企业发展的重要性不言而喻，尤其是近年来蓬勃发展的电子商务行业，显得尤其重要。在电子商务行业从业人员方面，具有实战经验的对电子商务行业了解深入的电商人才还是比较缺乏的。

随着我国大学本科教育逐渐饱和，我国职业教育具有美好的发展前景和巨大的发展空间。社会应充分利用好职业教育院校，政府给予政策和资金方面的扶持，帮助学校打造真正的职业教育平台，构建一流的职业教育教师队伍，树立职业教育品牌，加强院校学生市场营销、计算机应用技术、互联网技术及电子商务职业教育的知识培训，为当地电子商务产业实现跨越式发展做好人才储备。

目　录

第一章　电子商务概述

随着因特网的兴起，电子商务在短短的十年间已经对传统的商业社会产生了根本性的影响，改变了传统商业社会的活动规则，进而影响了整个社会的各个领域，引发了一系列重要变革。电子商务不仅影响了传统商品贸易的环境，也对企业的生产管理和商品流通产生了影响，更重要的是电子商务将改变人们的传统生活模式。大力发展电子商务，对于我国贯彻以信息化带动工业化的方针，实现跨越式发展，增强国家竞争力，具有十分重要的战略意义。

第一节　电子商务的概念

一、电子商务的定义

事实上，到目前还没有一个较为全面的、具有权威性的、能够为大多数人接受的电子商务的准确定义。人们按照各自的理解为电子商务加上各种注解。专家学者、政府部门、行业协会和 IT 公司从不同角度提出了各自的见解。这些定义各有不同的出发点与含义，然而业界尚未形成权威的、统一的认识，下面是一些有代表性的定义。

定义 1：电子商务是由 Internet 创造的电脑空间 (Cyber Space)，超越时间和空间的制约，以极快的速度实现电子式商品交换。

定义 2：电子商务是通过电子方式，并在网络基础上实现物资、人员协调的过程，以实现商业交换活动。

定义 3：电子商务是在计算机与通信网络的基础上，利用电子工具实现商业交换和行政作业的全部过程。

定义 4：电子商务是一组电子工具在商务中的应用。这些工具包括：电子数据交换 (Electronic Data Interchange，EDI)、电子邮件 (E-mail)、电子公告系统 (BBS)、条码 (Bar Code)、图像处理、智能卡等。

定义 5：《中国电子商务蓝皮书：2001 年度》认为，电子商务指通过 Internet 网完成的商务交易。交易的内容可分为商品交易和服务交易，交易是指货币和商品的易位，交易要有信息流、资金流和物流的支持。

定义 6：美国政府在其《全球电子商务纲要》中比较笼统地指出：电子商务是指通过 Internet 进行的各项商务活动，包括广告、交易、支付、服务等活动，全球电子商务将会涉及全球各国。

定义 7：加拿大电子商务协会给电子商务的定义是：电子商务是通过数字通信进行商品和服务的买卖以及资金的转账，它还包括公司间和公司内利用 E-mail、EDI、文件传输、传真、电视会议、远程计算机联网所能实现的全部功能 (如市场营销、金融结算、销售以及商务谈判)。

定义 8：欧洲经济委员会在比利时首都布鲁塞尔举办了全球信息社会标准大会，会上明确提出了电子商务的定义。电子商务是各参与方之间以电子方式而不是以物理交换或直接物理接触方式完成任何形式的业务交易。这里的电子方式包括电子数据交换 (EDI)、电子支付手段、电子订货系统、电子邮件、传真、网络、电子公告系统条码、图像处理、智能卡等。

定义 9：世界贸易组织 (World Tourism Organization，WTO) 认为，电子商务是通过电子方式进行货物和服务的生产、销售、买卖和传递。这一定义奠定了审查与贸易有关的电子商务的基础，也就是继承关贸总协定 (General Agreement on Tariffs and Trade，GATF) 的多边贸易体系框架。

定义 10：IBM 提出了一个电子商务的定义公式，即电子商务 =Web+IT。它所强调的是在网络计算环境下的商业化应用，是把买方、卖方、厂商及其合作伙伴在互联特网 (Internet)、企业内部网 (Intranet) 和企业外部网 (Extranet) 结合起来的应用。

定义 11：惠普提出电子商务以现代扩展企业为信息技术基础结构，电子商务是跨时域、跨地域的电子化世界，即 E-World，EW=EC(Electric Commerce)+EB(Electric Business)+EC(Electric Consumer)。惠普电子商务的范畴按定义包括所有可能的贸易伙伴：用户、商品和服务的供应商、承运商、银行保险公司以及所有其他外部信息源的收益人。

以上定义分别出自中外专家、知名公司、电子商务协会、国际组织和政府部门，从中不难看出，这些定义是人们从不同角度各抒己见产生的。从宏观角度讲，电子商务是计算机网络的第二次革命，是通过电子手段建立一个新的经济秩序，它不仅涉及电子技术和商业交易本身，而且涉及诸如金融、税务、教育等社会其他层面；从微观角度说，电子商务是指各种具有商业活动能力的实体 (生产企业、商贸企业、金融机构、政府机构、个人消费者等) 利用网络和先进的数字化传媒技术进行的各项商业贸易活动。一次完整的商业贸易过程是复杂的，包括交易前了解商情、询价、报价，发送订单、应答订单，发送接收送货通知、取货凭证、支付汇兑过程等，此外还有涉及行政过程的认证等行为。电子商务涉及资金流、物质流、信息流的流动。严格地说，只有上述所有贸易过程都实现了无纸贸易，即全部是非人工介入，使用各种电子工具完成，才能称之为一次完整的电子商务过程。

从广义上讲，电子商务不仅包括企业间的商务活动，还包括企业内部的商务活动，如生产、管理、财务等，它不仅仅是硬件和软件的结合，而且是把买家与卖家、厂家与合作伙伴在 Internet、Intranet 和 Extranet 上利用 Intemet 技术与原有的系统结合起来进行业务活动，在网络化的基础上重塑各类业务流程，实现电子化、网络化的运营方式。从这个意义上讲，电子商务所指的商务不仅包含交易，而且涵盖贸易、经营、管理、服务和消费等各个业务领域，其主题是多元化的，功能是全方位的，涉及社会经济活动的各个层面。

从最初的电话、电报，到电子邮件以及 20 多年前就开始应用的电子数据交换技术(Electronic Data Interchange，EDI)，都可以说是电子商务的某种形式。发展到今天，人们提出了通过网络实现包括从原材料的查询、采购、产品的展示、订购到产品制造、储运以及电子支付等一系列贸易活动在内的完整电子商务的概念。

一般而言，电子商务应包含以下五点含义：

· 采用多种电子方式，特别是通过 Internet；

· 实现商品交易、服务交易 (其中含人力资源、资金、信息服务等)；

·包含企业间的商务活动，也包含企业内部的商务活动 (生产、经营、管理、财务等)；

· 涵盖交易的各个环节，如询价、报价、订货、支付、转账和售后服务等;

· 采用电子方式是形式，跨越时空、提高效率是主要目的。

综合以上分析，我们可以为电子商务做出如下定义。电子商务是各种具有商业活动能力和需求的实体 (生产企业、商贸企业、金融企业、政府机构、个人消费者……) 为了跨越时空限制，提高商务活动效率，而采用计算机网络和各种数字化传媒技术等电子方式实现商品交易和服务交易的一种贸易形式。

二、电子商务概念模型

电子商务的概念模型是对现实世界中电子商务活动的一般抽象描述，它由电子商务实体、电子市场、交易事务和商流、信息流、资金流、物质流等基本要素构成。

在电子商务概念模型中，电子商务实体 (简称为 EC 实体) 是指能够从事电子商务活动的客观对象，它可以是企业、银行、商店、政府机构、科研教育机构和个人等；电子市场是指 EC 实体从事商品和服务交易的场所，它由各种各样的商务活动参与者利用各种通信装置，通过网络连接成一个统一的经济整体；交易事务是指 EC 实体之间所从事的具体的商务活动的内容，如询价、报价、转账支付、广告宣传、商品运输等。

电子商务的任何一笔交易，都包含物流、资金流、商流和信息流。其中物质流主要是指商品和服务的配送与传输渠道，对于大多数商品和服务来说，物流可能仍然经由传统的营销渠道；然而对于有些商品和服务来说，可以直接以网络传输的方式进行配送，如各种电子出版物、信息咨询服务、有价信息等 (这里需要指出，有些学者认为，无形产品通过网络传输不属于物流范畴)。资金流主要是指资金的转移过程，包括付款、转账、结算、兑换等过程。商流指商品和服务所有权的转移，它的标志是提货单等法律文书。信息流既包括商品信息的提供、促销行销、技术支持、售后服务等内容，也包括诸如询价单、报价单、付款通知单、转账通知单等商业贸易单证，还包括交易方的支付能力、支付信誉和中介信誉等。

从电子商务概念模型中不难看出，电子商务实质上是电子商务实体围绕交易事务，通过电子市场发生的经济活动关系，产生这些经济活动关系是通过物流、资金流、商流、信息流来实现的。电子商务区别于传统商务的一个重要方面就是“电子市场”取代了传统的有形市场。对于每个EC实体来说，它所面对的是一个电子市场，它必须通过电子市场来选择交易的内容和对象。因此，电子商务的概念模型可以抽象地描述为每个EC实体和电子市场之间的交易事务关系。

人类最早是采取“以物易物”的商品交换方式，此时没有资金流，商品所有权的转换是“紧紧伴随着物资流的转换而发生的”。随着货币的产生，人类的交易链出现了第一层中介——货币，人们开始用钱来买东西，不过这时是“一手交钱，一手交货”，商品所有权的转换仍然是紧随物资流的，不过是以货币为媒介的，这个阶段由于生产力的发展和社会分工的出现，信息流开始表现出来。再后来随着社会分工的日益细化和商业信用的发展，专门为货币做中介服务的第二层中介出现了。它们是一些专门的机构，像“银行”，它们所从事的是货币中介服务和货币买卖，由于有了它们，物资流和资金流开始分离，产生了多种交易付款方式：交易前的预先付款，交易中的托收、支票、汇票，交易后付款，如分期付款、延期付款。这就意味着商品所有权的转换和物资流的转换脱离开来，在这种情况下，信息流的作用就突显出来。因为这种分离带来了一个风险问题，要规避这种风险就得依靠获取尽可能多的信息，比如，对方的商品质量信息、价格信息、支付能力、支付信誉等。事实上，仔细分析一下，每一层中介的引入在方便我们更好更多地做更大的贸易的同时，还引入了新的信用风险，并完成了信用风险的转移和分担，这一点将在介绍中介机构时详细讨论。

随着电子技术和网络的发展，电子中介作为一种工具被引入生产、交换和消费中，人们做贸易的顺序并没有变，还是要有交易前、交易中和交易后几个阶段。但这几个阶段中人们进行联系和交流的工具变了，如我们以前我们用纸面单证，现在改用电子单证。这只是一个最简单的应用，但不要小看这种改变，因为，我们知道生产工具的变化必定会改变生产方式，犹如机器的出现使我们从手工业社会进入工业社会那样。而这种生产方式的变化必将形成新的经济秩序，在这个过程中，有的行业会兴起，有的行业会没落，有的商业形式会产生，有的商业形式会消失，这就是为什么我们称电子商务是一次社会经济革命的缘由。仅从交换这个范围来看，电子工具是通过改变中介机构进行货币中介服务的工具而改变了其工作方式，从而使它们产生了新的业务，甚至出现了新的中介机构。这个阶段的一个重要特点就是信息流处于一个极为重要的地位，它在一个更高的位置对商品流通的整个过程进行控制。所以我们可以认为电子商务是与现代社会正逐步兴起的信息经济密不可分的。

三、电子商务的内涵

1. 电子商务的前提

电子商务的目标是商务，而电子商务的前提应该是电子信息技术，具体应该是指现代信息技术，包括计算机技术、数据库技术、网络技术，尤其是互联网技术。电子商务与传统商务活动的最主要区别就在于电子商务利用了现代信息技术来完成商务活动，而传统商务活动是依赖于人与人之间的直接交流来实现商务活动的。

2. 电子商务的核心

电子商务的核心是人。电子商务虽然采用电子工具进行商务活动，但是围绕商品交易活动以及各种利益关系所组成的社会系统的中心还是人。现代社会的人掌握了电子信息技术，使其应用于商务活动，这个商务活动是为人服务的，也是由人来掌握和控制的。电子商务活动需要大量复合型的人才，既掌握现代商务理论知识，又掌握现代信息技术，才能使电子商务更好地为社会服务。

3. 电子商务的基础

电子商务的基础是信息化应用，也就是电子工具的应用。电子商务活动使用的是现代信息技术，尤其是网络技术。现代信息技术在应用领域表现为各种为企业经营活动、交易活动服务的信息化工具，如 ERP、MRP、CRM、SCM、EDI、电子支付与结算、商品配送、售后服务等信息管理系统及其应用的渠道，如互联网、局域网、外联网、广域网等。

4. 电子商务的对象

电子商务的对象是指从事电子商务活动的客观实体，包括企业 (生产商和中间商，可以概括为 Business)、客户 (个人和机构客户，概括为 Customer) 以及政府 (Government)，它们是电子商务的实际参与者。

作为电子商务的研究对象，则包括电子商务活动的全部流程和构成要素以及这些内容相互之间的关系。具体包括电子商务的作用对象、电子商务媒介、电子商务流程以及电子商务过程中的信息流、资金流、物流和商流。

四、电子商务的业务流程

同传统的商务活动相比，电子商务活动的基本过程并没有省略，只是改变了方式和媒介。下面介绍电子商务的基本业务流程。

1. 交易前的准备

这一阶段主要是指买卖双方和参加交易各方在签约前的准备活动。对于采购方来说，应根据自己要买的商品，准备购货款，制订购货计划，进行货源市场调查和市场分析，查询市场价格行情；如果是进口贸易，还要了解供货方国家的贸易和关税政策，充分利用互联网寻找自己满意的商品和商家。对于招标方来说，应该公布招标信息，制订标书，在网络招标平台上确定开标评标方案。对于销售企业来说，应根据自己所销售的商品，全面地进行市场调查和分析，了解产品销售目标国的贸易和关税政策，制订营销策略和销售方案，建立网站，利用互联网发布商品广告，寻找贸易伙伴和交易机会，逐步扩大贸易范围和商品所占市场的份额。对于拍卖方来说，应该在拍卖网站登记注册，明确拍卖条件、交货方式，有的拍卖网站还要求将标的物寄存在网站并进行估价。

2. 交易谈判和签订合同

这一阶段主要是指买卖双方对所有交易细节进行谈判，将双方磋商的结果以文件的形式确定下来，即以书面文件形式和数据电文形式签订贸易合同，将双方在交易中的权利、所承担的义务以及对所购买商品的种类、数量、价格、交货地点、交货期、交易方式和运输方式、违约和索赔等合同条款做出全面详细的规定。合同双方可以利用电子数据交换进行签约，并可以通过数字签名等方式进行确认。招投标网站完成开标和评标，通知中标方与招标方签订合同。在网上商店购物，顾客要填写购物订单，确定付款方式，明确配送方式与送货地点。

3. 办理交易进行前的手续

这一阶段主要是指买卖双方签订合同后到合同开始履行之前办理各种手续的过程，也是双方贸易前的交易准备过程。交易中涉及有关各方，如中介方、银行金融机构、海关系统、商检系统、保险公司、税务系统、运输公司等，买卖双方要利用电子数据交换与有关各方进行各种电子票据和电子单证的交换、开信用证，直到办理完可以将所购商品从卖方按合同规定开始向买方发货的一切手续为止。

4. 交易合同的履行

这一阶段从买卖双方办完所有手续之后开始，卖方要根据订单将生产任务下达到每个生产及原料采购环节，组织生产、组货，然后将商品交付给运输公司包装、起运、发货；银行金融机构也按照合同进行货款结算，出具相应的银行单据等，直到买方收到自己所购商品，这就完成了整个交易过程。对于网络零售和拍卖企业，网站要根据顾客的购物订单，通过配送中心将指定货物送交客户手中。

5. 交易后的售后服务

这一阶段主要是指企业帮助客户解决产品使用中的问题，排除技术故障，提供技术支持。传递产品改进或升级的信息，处理客户对产品与服务的反馈信息。

五、电子商务信息流、资金流和物流的相互关系

宏观经济理论从经济要素的社会作用出发，提出了现代社会经济系统中主要有三个“流”的概念。这三个流就是信息流、资金流和物流。三个流对社会经济系统的作用各不相同，因此它们在功能上并非相互替代的关系，而是共生与整合、依存与互动的关系。

1. 信息流、资金流和物流的概念

信息是客观世界中各种事物的变化和特征的反映，是客观事物之间相互联系的表征，它包括各种消息、情报、信号、资料等，也包括各类科学技术知识。信息流是电子商务交易各个主体之间的信息传递与交流的过程。经济信息的流动是经济活动的重要组成部分，是对持续不断、周而复始的商品流通活动的客观描述，是资金流、物流运动状态特征的反映。资金流是指资金的转移过程，包括支付、转账、结算等。资金的加速流动具有财富的创造力。商务活动的经济效益是通过资金的运动来体现的。物流是因人们的商品交易行为而形成的物质实体的物理性移动过程，它由一系列具有时间和空间效用的经济活动组成，包括包装、存储、装卸、运输、配送等多项基本活动。在信息技术高速发展的今天，物流作为物质实体从供应者向需求者的物理性移动，依然是社会再生产过程中不可缺少的中间环节。

近年来，全球经济一体化的进程明显加快，用户对信息流、资金流和物流的流通速度提出了更高要求。高速的信息流，将导致高速的物流，这突出表现为对物流服务需求的高标准和多样化。运用电子流代替实物货币和票据流通，能够最大限度地发挥资金的有效使用率，是提高全社会经济效益的理想途径。

2. 信息流、资金流和物流的相互关系

信息流、资金流和物流的形成是商品流通不断发展的必然结果。它们在商品价值形态的转化过程中有机地统一起来，共同完成商品的生产—分配—交换—消费—生产的循环。由信息流提供及时准确的信息，由资金流有计划地完成商品价值形态的转移，由物流根据信息流和资金流的要求完成商品使用价值即商品实体的转移过程，从而使“三流”分别构成了商务活动中不可分割的整体，共同完成商品流通的全过程。

物流进行的是一个正向的流程，即从原材料供应商到制造商，再经经销商或配送中心到顾客。而资金流进行的是一个反向的流程，即从顾客到经销商，到制造商，再到原材料供应商。信息流进行的是双向流程，电子商务各个交易主体之间不断进行信息的双向传递与交流。三者的关系可以表述为：以信息流为依据，通过资金流实现商品的价值，通过物流实现商品的使用价值。物流应是资金流的前提和条件，资金流应是物流的依托和价值担保，并为适应物流的变化而不断进行调整，信息流对资金流和物流运动起指导和控制作用，并为资金流和物流活动提供决策的依据。

在电子商务活动中，信息流、资金流和物流本身又是相互独立的。它们无论在时间上或渠道上都是可以分离的，流动的次序也没有固定的模式。

六、电子商务与注意力经济

“注意力经济”这一概念是随着国际互联网的发展而产生的。最早提出“注意力经济”这一概念的是美国经济学家迈克尔·戈德海伯，他是于 1997 年在美国著名的 *Hot Wired*《热线》杂志发表的一篇题为《注意力购买者》的文章中提出来的。他指出，在以计算机网络为基础的信息社会中，面对浩如烟海的信息，对于人们来说，信息已不再是一种稀缺的资源，而是相对过剩的资源，稀缺的是人的注意力，因此，目前以网络为基础的新经济，其实质就是“注意力经济”。他认为，在新经济时代最重要的资源不再是传统意义上的货币资本，也不是信息本身，而是注意力。

所谓注意力，是指人的心理活动指向和集中于一定对象的能力，也即一个人关注一个主题、一个事件、一种行为和多种信息的持久尺度。对于每一个人来说，注意力都是一种无形、有限、不可替代和不可分享的心理资源，它也是人们从事任何活动都必须投入的要素。人的注意力是有限的，相对于无限的信息来说是稀缺的，因此在互联网上人们的注意力是非常有价值的。注意力具有以下基本特性：

（1）选择性。尽管一个人每天都要从各种渠道获取大量的信息，但都只能对一小部分的信息产生兴趣。

（2）集中性。对发生兴趣的事物，人们会集中注意力对其进行关注。例如，当消费者对某种商品感兴趣时，必然会对其重点关注。

（3）排他性。人脑与电脑的显著不同是：电脑是并行的信息处理系统，可以同时执行各种程序；而人脑是串行信息处理系统，在一定时间内只能处理特定的信息。因此，假如消费者的注意力集中在某类商品时，其他的商品都被排除在外了。

诺贝尔经济奖获得者赫伯特·西蒙曾说过：“随着互联网的发展，有价值的不再是信息，而是注意力。”在信息社会里，硬通货不再是美元，而是关注的程度。全球每四分钟便有一个新的网站诞生，如何在众多网站中脱颖而出，赢得网民的青睐变得至关重要。因此研究人的注意力的规律，吸引别人的更多注意力，将成为互联网上商业竞争的着重点。

注意力本身就是财富，戈德海伯说：“获得注意力就是获得一种持久的财富。在新经济下，这种形式的财富使你在获取任何东西时都能处于优先的位置。财富能够延续，有时还能累加，这就是我们所谓的财产。因此，在新经济下，注意力本身就是财富。”注意力作为一种资源，有它自己的独特之处。相比较而言，信息是可以准确计量的，而注意力的计算是模糊的；信息是由信息的产生者不断创造的，而注意力对于信息的浏览者却是有限的；信息产生后能创造多少价值是不确定的，而注意力却能直接产生价值。

“注意力经济”理论认为，公众的注意力是网站的最大资源，谁能吸引更多的关注，谁就能拥有更大的价值，吸引更多的投资。英特尔公司前总裁格罗夫在一次引人入胜的演讲中提出过“争夺眼球”的观点。他认为整个世界将会展开“眼球”争夺战，谁能抓住更多的“眼球”（注意力），谁就能成为21世纪经济的主宰。但是注意力的拥有并不像传统的购买力资源那样易于保持。网站的任务不仅仅是吸引注意力，还需要把注意力保持住，也就是培育浏览者对网站的忠诚度。成功的电子商务企业不仅要具有知名度（注意力），同时还应该提高市场的信誉度。

第二节　电子商务的产生

一、电子商务的发展历史

考察电子商务产生与发展的历史，从普遍的意义上讲，从电话、电报、传真的商业应用起，电子商务活动就开始出现了。由于当时商务活动信息流的电子化水平太低，所以还不是真正意义的电子商务。现代意义的电子商务经历了两个阶段：在专用网上的电子交易阶段和基于互联网的电子商务阶段。

（一）专用网上的电子交易阶段

从 20 世纪 60 年代末到 80 年代，部分大企业的计算机系统开始通过专用增值通信网络联系在一起，越来越多的企业间交易信息开始通过网络传输，企业内部局域网也得到了一定范围的应用。这个阶段可以称为电子商务的萌芽阶段。早在 20 世纪 70 年代，美国航空公司开发了计算机联网订票系统——SABRE，顾客可以在美国的各个公司的售票点、旅行社通过美国航空公司的计算机终端查询全国范围航班的时刻、票价、空位情况等信息，进而通过终端订票。同一时期，银行间采用安全的专用网络进行电子资金转账 (EFT)，即利用通信网络进行账户交易信息的电子传输，提高资金转移的效率，改变金融业的业务流程，这是电子商务最原始的形式之一。同时美国许多银行投入巨资研究和开发家庭银行。客户通过按键电话拨通银行，家庭银行的语音服务提示客户按电话上的数字键，客户可以查询账户余额、划账、付账。从 20 世纪 70 年代后期到 80 年代初期，电子商务以电子报文传送技术 (如电子数据交换，EDI) 的形式得到进一步推广。电子数据交换使企业能够用标准化的电子格式与供应商交换商业单证 (如订单)。电子报文传送技术减少了文字工作量，提高了自动化水平，简化了业务流程。可以说 EDI 在电子商务的发展历程中起着举足轻重的作用。1990 年，联合国正式推出了 EDI 的标准 UN/EDIFACT，并被国际标准化组织正式接受为国际标准 ISO9735，统一了世界贸易数据交换中的标准和尺度，为利用电子技术在全球范围内开展商务活动奠定了基础。

（二）基于互联网的电子商务阶段

20 世纪 90 年代初，美国政府宣布互联网向社会公众开放，电子商务进入快速发展阶段。1993 年，万维网诞生，使互联网具备了多媒体应用的能力。万维网为信息出版和传播方面的问题提供了简单易用的解决方案，带来了规模效应并降低了业务成本，它所带来的范围效应丰富了企业业务活动的多样性。起初是一些技术公司，然后是越来越多的传统公司开始利用互联网进行商务活动。美国第一家在线银行——安全第一网络银行 (www.sfnb.corn) 于 1995 年出现在万维网上。客户可从世界各地通过万维网在该银行开设账户，进行付款、查询账户余额。这一阶段的特点是：大量企业开始在互联网上建立网站、促销产品、进行交易，上网人数与网上交易额迅速增加。

随着互联网的高速发展，电子商务显现了旺盛的生命力。在发达国家，电子商务的发展非常迅速，通过互联网进行交易已成为潮流。1996 年全球互联网用户不足 4000 万，到 2000 年 6 月已经达到 2.6 亿以上，并且仍在迅速增长，预计在今后四年内，全球上网人数将达到 10 亿以上，平均每个月增加 154 万多人。与此相对应，1996 年全球网上销售额为 12 亿美元，1997 年达到了 26 亿美元，1998 年更是达到了 500 亿美元，比 1997 年增加了将近 20 倍。

中国银行开发的网上银行 (WWW.bank-of-china.corn) 于 1997 年年底建成。1998 年 3 月 6 日，我国国内第一笔互联网网上电子商务交易成功，它是由世纪互联通信技术有限公司和中国银行共同携手完成的。这标志着我国电子商务已开始进入实用阶段。1999 年 7 月，浙江省某企业成功地通过网上支付的形式采购了 200 万美元的设备材料。目前已经有越来越多的企业决策者将企业下一步发展的方向和注意力集中到电子商务上来。

二、电子商务的发展现状

2002 年 2 月 12 日，美国著名信息市场研究公司国际数据公司发表的一项报告预测显示，互联网普及的速度并未受到目前全球经济不景气的影响。报告指出，在 2000 年和 2001 年间，全球电子商务交易额增长了 68%，在 2001 年超过了 6 000 亿美元。面对电子商务如此迅猛的发展趋势，著名预测公司弗雷斯特 (Forrester) 不得不将它对于 2002 年电子商务的预测由原来的 3270 亿美元改为 8427 亿美元。

我国电子商务活动开展的时间不长，但发展态势很好。我国政府和有关主管部门对电子商务给予高度的重视和积极的支持。目前我国大约 15 万家国有大中型企业中的 50%左右已连入了互联网，其中一些企业拥有了自己的网站和 www 服务器，有进出口权的企业有一部分能熟练从事国际电子商务贸易业务。随着这几年我国计算机网络技术的蓬勃发展，一大批高科技信息管理人才得到了培养和锻炼。这一切都是推动电子商务发展的有利条件和保证。互联网上的电子商务市场将发展成为最广泛和最快捷的市场。

2002 年 1 月，中国互联网络信息中心 (CNNIC) 发布了第九次《中国互联网络发展状况统计报告》。2001 年 12 月 31 日，我国的上网计算机数已达 1254 万台，比去年同期增长 40.6%；我国网民已经达到 3370 万人，比去年同期的 2250 万人增长了 49.8%。尽管网民占我国总人口的比例还不足 2.6%，但从绝对数量上来看，已经达到了欧洲一些国家的人口总量。调查结果显示，2001 年，在网上商店购买过商品或接受过服务的用户比例为 31.6%，这与 2000 年同期基本持平，表明网上购物不会很快成为居于支配地位的消费模式。但值得欣慰的是，用户对网上交易的满意度有明显上升，对网上购物经历表示满意和比较满意的用户达到 38.3%，在网民中已有一半以上的人购买书刊选择电子商务的方式，这表明网上购物的总体状况发生了明显改善。

第三节　电子商务的功能和特性

一、电子商务的功能

建立在 Internet 网上的电子商务不受时间和空间的限制，可以每天 24 小时不分区域地运行，在很大程度上改变了传统商贸的形式。电子商务以在网上快速安全传输的数据信息电子流代替了传统商务的纸面单证和实物流的传送，对于企业来讲，提高了工作效率，降低了成本，扩大了市场，必将产生可观的社会效益和经济效益。相对于传统商务，电子商务具有不可替代的功能及其优异的特点。

电子商务的主要功能是指电子商务通过 Internet 可提供网上的交易和管理的全过程服务，具有对企业和商品的广告宣传、交易的咨询洽谈、客户的网上订购和网上支付、电子账户、销售前后的服务传递、客户的意见征询、对交易过程的管理等各项功能。

（一）广告宣传

电子商务使企业可以通过自己的 Web 服务器、网络主页 (Home Page) 和电子邮件 (E-mail) 在全球范围内做广告宣传，在 Internet 上宣传企业形象和发布各种商品信息，客户用网络浏览器可以迅速地找到所需的商品信息。与其他各种广告形式相比，在网上的广告成本最为低廉，而给顾客的信息量却最为丰富。

（二）咨询洽谈

电子商务使企业可借助非实时的电子邮件 (E-mail)、新闻组 (News Group) 和实时的讨论组来了解市场和商品信息、洽谈交易事务，如有进一步的需求，还可用网上的白板会议 (Whiteboard Conference)、电子公告板 (BBS) 来交流即时的信息。网上咨询和洽谈能超越人们面对面洽谈的限制、提供多种方便的异地交谈形式。

（三）网上订购

企业的网上订购系统通常都是在商品介绍的页面上提供十分友好的订购提示信息和订购交互表格，当客户填完订购单后，系统回复确认信息单，表示订购信息已收悉。电子商务的客户订购信息采用加密的方式使客户和商家的商业信息不会泄露。

（四）网上支付

网上支付是电子商务交易过程中的重要环节，客户和商家之间可采用信用卡、电子钱包、电子支票和电子现金等多种电子支付方式进行网上支付，采用在网上电子支付的方式节省了交易的开销。对于网上支付的安全问题现在已有实用的技术来保证信息传输的安全性。

（五）电子账户

网上支付是指由银行、信用卡公司及保险公司等金融单位提供包含电子账户管理在内的金融服务，客户的信用卡号或银行账号是电子账户的标志，它是客户所拥有金融资产的标示代码。电子账户通过客户认证、数字签名、数据加密等技术措施的应用保证电子账户操作的安全性。

（六）服务传递

电子商务通过服务传递系统将客户所订购的商品尽快地传递到已订货并付款的客户手中。对于有形的商品，服务传递系统可以通过网络对在本地或异地的仓库或配送中心进行物流的调配，并通过物流服务部门完成商品的传送；而无形的信息产品如软件、电子读物、信息服务等则立即从电子仓库中将商品通过网上直接传递到用户端。

（七）意见征询

企业的电子商务系统可以采用网页上的"选择""填空"等形式及时搜集客户对商品和销售服务的反馈意见，这些反馈意见能提高网上、网下交易的售后服务水平，使企业获得改进产品、发现新市场的商业机会，使企业的市场运作形成一个良性的封闭回路。

（八）交易管理

电子商务的交易管理系统可以借助网络快速、准确地搜集大量数据信息，利用计算机系统强大的处理能力，针对与网上交易活动相关的人、财、物、客户及本企业内部事务等各方面进行及时、科学、合理的协调和管理。

电子商务的上述功能，对网上交易提供了一个良好的交易服务和实施管理的环境，使电子商务的交易过程得以顺利和安全地完成，并可以使电子商务获得更广泛的应用。需要指出的是，这里所述的电子商务功能只是电子商务的直接功能，其他一些派生的功能没有阐述，如电子商务促进产业结构合理化功能等。

二、电子商务的特点

电子商务在全球各地通过计算机网络进行并完成各种商务活动、交易活动、金融活动和相关的综合服务活动。在一个不太长的时间内，电子商务已经开始改变人们长期以来习以为常的各种传统贸易活动的内容和形式。相对于传统商务和EDI商务，电子商务表现出以下几个突出的特点。

（一）电子商务的结构性特点

电子商务涉及电子数据处理、网络数据传输、数据交换和资金汇兑等技术；在企业的电子商务系统内部有导购、订货、付款、交易与安全等有机地联系在一起的各个子系统；在交易的过程中经历商品浏览和订货、销售处理和发货、资金支付和售后服务等环节。电子商务业务的开展由消费者、厂商、运输、报关、保险、商检和银行等不同参与者通过计算机网络组成一个复杂的网络结构、相互作用、相互依赖、协同处理，形成一个密切联系的、连接全社会的信息处理大环境。在这个环境下，简化了商贸业务的手续，加快了业务开展的速度，最重要的是规范了整个商贸业务的发生、发展和结算过程，从根本上保证了电子商务的正常运作。

（二）电子商务的动态性特点

电子商务交易网络没有时间和空间的限制，是一个不断更新的系统，每时每刻都在进行运转。网络上的供求信息在不停地更换，网上的商品和资金在不停地流动，交易和买卖双方也在不停地变更，商机不断地出现，竞争不停地展开。正是这种物质、资金和信息的高速流动，使得电子商务具有传统商业所不可比拟的强大生命力。

（三）电子商务的社会性特点

电子商务的最终目标是实现商品的网上交易，但这是一个相当复杂的过程，除了要应用各种有关技术和其他系统的协同处理来保证交易过程的完成，还涉及许多社会性的问题。例如，商品和资金的流转方式变革，法律的认可和保障，政府部门的支持和统一管理，公众对网上电子购物的热情和认可等。所有这些问题全都涉及社会，不是一个企业或一个领域就能解决的，需要全社会的共同努力和整体的实现，才能最终将电子商务潜在的优越性转变为现实的生产力。

（四）电子商务的层次性特点

电子商务具有层次结构性特点。任何个人、企业、地区和国家都可以建立自己的电子商务系统，这些系统本身都是一个独立的、完备的整体，都可以提供从商品的推销到购买、支付全过程的服务。但是这样的系统又是更大范围或更高一级的电子商务系统的一个组成部分。因此在实际应用中，常将电子商务分为一般电子商务、国内电子商务和国际电子商务等不同的级别。另外，也可以从系统的功能和应用的难易程度对电子商务进行分级，较低级的电子商务系统只涉及基本网络、信息发布、产品展示和货款支付等，各方面的要求较低；而用于进行国际贸易的电子商务系统不仅技术要求高，而且涉及税收、关税、合同法以及不同的银行业务等，结构也比较复杂。

三、电子商务的优势

（一）时空优势

传统的商务是以固定不变的销售地点（商店）和固定不变的销售时间为特征的店铺式销售。Internet 上的销售通过以信息库为特征的网上商店进行，所以网上商店的销售空间随网络体系的延伸而延伸，没有任何地理障碍。它的零售时间是由消费者即网上用户自己决定的。因此，Internet 上的销售相对于传统销售模式具有全新的时空优势，这种优势可在更大程度上、更大范围上满足网上用户的消费需求。事实上 Internet 上的购物已没有了国界，也没有了昼夜之别。

（二）速度优势

电子商务具有极大的速度、效率优势。首先，电子商务可以加快生产流通速度。例如，一个产品的生产是许多企业相互协作的成果，因此产品的设计开发和生产销售可能涉及许多关联的企业，通过电子商务可以改变过去的信息封闭的分阶段合作方式，从而最大限度地减少因信息封闭而出现等待的时间。其次，电子商务提供了更快捷的服务，通过浏览网页，就可以获得产品信息，接受企业提供的服务，速度优势是传统商务所不能相比的。

（三）成本优势

与传统的商务相比，利用 Internet 渠道可避开传统商务渠道中的许多中间环节，降低流通费用、交易费用和管理成本，并加快信息流动的速度。事实上，任何制造商都可以充当网上零售业中商品的提供者，能以基本价格向消费者提供商品。当投资传统商店所需要的建材和商品库存费用越来越贵时，投资电子商务商店所需的电脑和电信设备却日益便宜。同时，软、硬件价格的降低使更多的消费者能以低廉的价格接入 Internet，享受电子商务带来的种种好处，并进而促进电子商务的发展。

（四）个性化优势

由于 Internet 具有实时互动式沟通的特点，并且不受任何外界因素干扰，消费者更容易表达出自己对产品及服务的评价。这种评价一方面使网上的零售商们可以更深入地了解用户的内在需求，更好地提供产品和服务；另一方面使得为用户提供个性化服务成为可能。例如，通过海尔集团的电子商务网站，顾客可以按照自己的喜好定义冰箱的颜色、形状等。个性化的服务和产品将成为新一代电子商务的重要特点，并成为电子商务普及发展的内部推动力。

（五）信息优势

传统的销售在店铺中虽然可以把真实的商品展示给消费者，但对于一般消费者而言，对所购商品的认识往往是很浮浅的，也无法了解商品的内在质量，往往容易被商品的外观、包装等外在因素所困惑。利用电子商务技术，可以全方位地展示产品及服务功能的内部结构，从而有助于消费者完全地认识商品及服务。另外，信息优势还体现在通过对企业内部信息的整合和优化，改善企业信息的组织结构，加快信息流动，为企业的生产和决策提供更快、更好的数据上。

（六）便捷优势

在某种意义上说，消费者花在购物上的时间会越来越少，但购物次数却会越来越频繁。特别是某些特定的商品，如原料、个人用品（书籍、礼品、特别尺寸的衣服等），电子商务所能提供的便利性将与日俱增。消费者只需要在网站上搜寻相关产品信息，进行质量和价格的比较之后，就可以方便地在家中完成交易。总之，快捷方便的查询功能、人性化的商品目录、价格比较的功能，将促进某些商品转向网上交易，特别是那些运送成本低廉、标准化、缺乏购物乐趣的商品。

第二章　电子商务的发展

第一节　电子商务的分类

电子商务参与方主要有四部分，即企业、个人消费者、政府和中介方。应该看到，中介方只是为电子商务的实现与开展提供技术、管理与服务支持，而前三者则是以另一种姿态成为参与方的。尽管有些网上拍卖形式的电子商务属于个人与个人之间的交易。也就是通常所说的 Consumer To Consumer(亦记作 C to C 或 C2C)，但是，可以这样讲，企业是电子商务的核心，考察电子商务的类型，主要从企业的角度来进行分析。企业电子商务可以从系统涉及的业务范围、系统的复杂性程度和应用功能情况等不同的角度对企业的电子商务系统进行分类。

一、按企业电子商务系统业务处理过程涉及的范围分类

从企业电子商务系统业务处理过程涉及的范围出发，可以分为企业内部、企业间、企业与消费者之间及企业与政府之间四种电子商务类型。

（一）企业内部的电子商务

企业通过企业内部网 Intranet 自动进行商务流程处理，增加对重要系统和关键数据的存取，保持组织之间的联系。它的基本原理同下面讲的企业间的电子商务类似，只是企业内部在进行交换时，交换对象是相对确定的，交换的安全性和可靠性要求较低，主要是实现企业内部不同部门之间的交换 (或者内部交易)。企业内部电子商务的实现主要是在企业内部信息化的基础上，将企业的内部交易网络化，它是企业外部电子商务的基础，而且相比外部电子商务更容易实现。企业内部的电子商务系统可以增加企业的商务活动处理的敏捷性，对市场状况能更快地做出反应，能更好地为客户提供服务。

（二）企业间的电子商务 (Business To Business，B to B，B2B)

有业务联系的公司之间相互用电子商务将关键的商务处理过程连接起来，形成网上的虚拟企业圈。例如，企业利用计算机网络向它的供应商进行采购，或利用计算机网络进行付款等。这一类电子商务，特别是企业通过私营或增值计算机网络 (Value Added Network，

VAN) 采用 EDI(电子数据交换) 方式所进行的商务活动，已经存在多年。这种电子商务系统具有很强的实时商务处理能力，使公司能以一种可靠、安全、简便快捷的方式进行企业间的商务联系活动和达成交易。

（三）企业与消费者之间的电子商务 (Business To Consumer，B to C，B2C)

企业与消费者之间的电子商务活动是人们最熟悉的一种电子商务类型。大量的网上商店利用 Internet 提供的双向交互通信，完成在网上进行购物的过程。这类电子商务主要是借助 Internet 所开展的在线式销售活动。最近几年随着 Internet 的发展，这类电子商务的发展异军突起。例如，在 Internet 上目前已出现许多大型超级市场，所出售的产品一应俱全，从食品、饮料到电脑、汽车等，几乎包括了所有的消费品。由于这种模式节省了客户和企业双方的时间和空间，大大提高了交易效率，节省了各类不必要的开支，因而这类模式得到了人们的认同，获得了迅速的发展。

（四）企业与政府之间的电子商务 (Business To Government，BtoG，B2G)

政府与企业之间的各项事务都可以涵盖其中包括政府采购、税收、商检、管理条例发布等。政府一方面作为消费者，可以通过 Internet 网发布自己的采购清单，公开、透明、高效、廉洁地完成所需物品的采购；另一方面，政府对企业宏观调控、指导规范、监督管理的职能通过网络以电子商务方式更能充分、及时地发挥。借助于网络及其他信息技术，政府职能部门能更及时全面地获取所需信息，做出正确决策，做到快速反应，能迅速、直接地将政策法规及调控信息传达于企业，起到管理与服务的作用。在电子商务中，政府还有一个重要作用，就是对电子商务的推动、管理和规范作用。根据实际需要，电子商务还会有许多其他派生形式。

二、按电子商务复杂性程度分类

电子商务的飞速发展，促使国际上众多 IT 企业推出了大量的电子商务解决方案，有些方案可用于处理大中型企业较复杂的商务过程，也有的方案可用来解决小型企业的业务。不同的企业通过采用相应的电子商务解决方案，就可以在网上销售产品和提供服务。

企业的电子商务解决方案按其复杂程度的不同可以分为以下三类。

（一）网上黄页

网上黄页使用户可以在网上发布广告信息，如企业的介绍、服务时间、电话号码、地址、企业所在区域的地图和特殊服务项目等，这些信息都连接在企业的万维网 (Web) 站点上。这种方案对企业来讲相对开销较低，较适于小型企业在开展电子商务时采用，类似于黄页广告。目前，在 Internet 网上的万维站点越来越多，要吸引用户访问本企业的站点并非易事。网上黄页能让客户通过网上搜索工具，快速方便地找到相应企业的站点。网上黄页所提供的功能相当有限，但费用低廉、方便有效，是中小企业进入电子商务领域初期可采用的较好选择。

（二）简单电子商务解决方案

这类方案可以使企业能够在没有专业的网络工程师和软件开发人员的情况下，拥有一个网上目录，并能接受网上订货。简单方案主要针对那些专业人员力量薄弱，又需提供电子商务服务的小型企业。按照简单电子商务解决方案创建一个能接收网上订单的万维网站点，并不需要专门的硬件和软件设备。本方案适合于有一定开展电子商务基础的企业。

（三）完整的电子商务解决方案

采用这种方案的企业能进行独立的网上营销活动，设计网上目录和接收网上订货，并能对网上订货做出相应的处理。与简单解决方案相比，完整方案不仅提供了前台服务特性，还提供了后台处理，这样就可将企业的网上目录、订单处理与数据库的操作结合在一起，完成交易信息的结算、统计分析和综合处理的全过程。这种方案对于税收计算、目录管理等日常操作也都能自动处理。相对于前两种方案，完整方案功能更为强大，服务更为广阔，受到越来越多企业的重视。完整的电子商务解决方案是企业开展电子商务的最终方案。

三、按电子商务系统功能目标分类

企业的电子商务系统按系统的功能目标不同，可以分为对企业电子商务活动的内容管理、协同处理与交易服务三类。

（一）内容管理

这类电子商务系统对企业需要在网上发布的各种信息进行管理，通过在网上的广告信息来增加企业产品的品牌价值，在网上树立企业的形象，扩大公司的影响。

（二）协同处理

这类电子商务系统能与公司人员协同工作，自动处理电子商务的业务流程，对企业内外的各组织进行随时的紧密联系。包括收发电子邮件、合同的审定及签署等合同管理，使网上的销售过程自动化。

（三）交易服务

这是网上商店常采用的电子商务系统形式，使网上的商品销售活动真正实现每周 7 天、每天 24 小时的服务。这种形式的电子商务系统能在网上向客户提供智能目录、接受网上订单和安全的网上支付等服务功能。

四、按电子商务技术标准和支付方式分类

按技术标准和支付方式可将电子商务分为以下五种。

（一）支付系统无安全措施型的电子商务

用户从商家订货，信用卡信息通过电话、传真等非网上传送手段进行传输；也可在网上传送信用卡信息，但无安全措施。商家与银行之间使用各自现有的授权来检查网络。其特点是风险由商家承担；信用卡信息可以在线传送，但无安全措施。

（二）通过第三方经纪人支付型的电子商务

用户在第三方网上经纪人付费系统服务器上开一个账号，用户使用账号付费，交易成本很低，对小额交易很适用。网上经纪人持有用户账号和信用卡号，用户用账号从商家订货，商家将用户账号提供给经纪人，经纪人验证商家身份，给用户发送 E-mail，要求用户确认购买和支付后，将信用卡信息传给银行，完成支付过程。其特点是用户账号的开设不通过网络；信用卡信息不在开放的网络上传送；使用 E-mail 来确认用户身份，防止伪造；商家自由度大，无风险；支付是通过双方都信任的第三方 (经纪人) 完成的。

（三）电子现金支付型的电子商务

用户用现金服务器账号中预先存入的现金来购买电子货币证书，这些电子货币就有了价值，可以在商业领域中进行流通，电子货币的主要优点是匿名性，缺点是需要一个大型的数据库存储用户完成的交易和电子现金序列号，以防止重复消费。这种模式适用于小额交易。

（四）支付系统使用简单加密型的电子商务

使用这种模式付费时，用户信用卡号码被加密。采用的加密技术有加密的 HTTP 协议 (Security Hyper Text Transfer Protocol，SHTTP)、加密套接字协议层 (Security Socket Layer，SSL) 等。这种加密的信息只有业务提供商或第三方付费处理系统能够识别。由于用户进行在线购物时只需一个信用卡号，所以这种付费方式给用户带来方便。这种方式需要一系列的加密、授权、认证及相关信息传送，交易成本较高，所以对小额交易而言是不适用的。其特点是部分或全部信息加密，使用对称和非对称加密技术，可能使用身份验证证书，采用防伪造的数字签名。

（五）安全电子传输协议 (Security Electronic Transfer，SET) 型的电子商务

SET 协议是安全电子交易的简称，它是一个在开放网 (Internet) 上实现安全电子交易的协议标准。SET 协议规定了交易各方进行安全交易的具体流程。SET 通过使用公共密钥和对称密钥方式加密保证了数据的保密性，通过使用数字签名来确定数据是否被篡改、保证数据的一致性和完整性，并可以完成交易防抵赖。此种方式的电子商务的支付安全有很高的保障，但 SET 协议十分复杂，因而其应用也受到了一定的限制，不过业界认为这种

方式将是未来的发展方向。

五、按电子商务信息网络范围分类

按开展电子商务的信息网络范围，主要可分为三类。

（一）本地电子商务

本地电子商务通常是指利用本城市内或本地区内的信息网络实现的电子商务活动，电子交易的地域范围较小。本地电子商务系统是利用 Internet、Intranet 或专用网将下列系统连接在一起的网络系统。参加交易各方的电子商务信息系统，包括买方、卖方及其他各方的电子商务信息系统，银行金融机构电子信息系统，保险公司信息系统，商品检验信息系统，税务管理信息系统，货物运输信息系统，本地区 EDI 中心系统（实际上，本地区 EDI 中心系统连接各个信息系统的中心）。本地电子商务系统是开展有远程国内电子商务和全球电子商务的基础系统。

（二）远程电子商务

远程国内电子商务是指在本国范围内进行的网上电子交易活动，其交易的地域范围较大，对软硬件和技术要求较高，要求在全国范围内实现商业电子化、自动化，实现金融电子化，交易各方具备一定的电子商务知识、经济能力和技术能力，并具有一定的管理水平和能力等。

（三）全球电子商务

全球电子商务是指在全世界范围内进行的电子交易活动，参加电子交易各方通过网络进行贸易。涉及有关交易各方的相关系统，如买方国家进出口公司系统、海关系统、银行金融系统、税务系统、运输系统、保险系统等。全球电子商务业务内容繁杂，数据来往频繁，要求电子商务系统严格、准确、安全、可靠，应制定出世界统一的电子商务标准和电子商务（贸易）协议，使全球电子商务得到顺利发展。

此外，电子商务的分类方式还有很多，如按电子商务交易过程分为：交易前电子商务、交易中电子商务和交易后电子商务；按交易对象不同分为：有形商品交易电子商务、无形商品电子商务和服务交易电子商务，等等。应该说，不同的分类便于从不同的角度研究电子商务，对电子商务研究都有一定的作用。

第二节　电子商务的社会影响

一、电子商务在工业企业中的作用

（一）降低成本

电子商务可使企业节省各种单证的制作成本，降低人工费用，提高员工的工作效率和企业的经济效益。各种单证如订单、发票的制作和管理是企业成本的一个重要组成部分，占到企业总成本的 4% ~ 10%。电子商务技术大大压缩了这部分成本，同时还使通信费用水平下降，并能减少人为过失所造成的经济损失。

（二）加快信息处理和决策过程

Internet 及其应用可以加快企业处理信息和决策的过程。企业根据市场需求进行“订单式”的生产，为满足不同客户的多方面要求，降低企业的经营管理成本，提高企业的经济效益，采用 ERP 系统实现信息处理和决策。

（三）减少盲目投资，加快资金回收

通过 Internet 掌握经济发展的脉搏和市场走向，可以减少投资的盲目性，缩短产品开发及投资回收的周期。电子商务环境所提供的大量、及时、准确的市场信息，有利于企业领导人做出正确的投资决策，减少企业开发新产品、更新老产品的盲目性；高效率的电子网络销售渠道还可以缩短企业投资的回收期，推动技术进步和产品的升级换代，提高社会生活质量。

（四）设计网络化

世界上最大的双引擎客机制造商——波音公司，于 21 世纪推出的新产品波音 777 型客机的设计，从头到尾几乎没有图纸，完全依靠电脑网络，把用户、原材料和零部件供应商的意见收集起来，有关的设计和生产部门通过电脑网络进行交流，合作完成各项设计并形成整体设计方案。

二、电子商务在商业企业中的作用

企业的市场分析、客户联系、物资调配、内部管理、公司间合作等商务活动会发生在公司内部、公司之间及公司与客户之间。借助电子商务可以有效地促进与商品交换有关的信息、商品和货币的流通，利用电子商务经营的企业具有以下优势。

（一）降低管理成本

借助电子商务无须门面即可经营，可在任意地点办公，通信费等各项费用低。

（二）提高劳动生产率

比如在亚马逊网上书店仅有九人的时候，其销售商品已达300万种，年销售额达5.7亿美元，因为它采用了网络自动处理业务流程和与供货商、配送商的合作。

（三）扩展市场范围

借助电子商务可面向全世界销售。

（四）与客户良好沟通

电子商务可使成本低、速度快，不通过中间商直接双向沟通。

（五）提供全天候的服务

借助电子商务，客户随时可在网上选购商品。

（六）为顾客提供个性化服务

顾客可以定制商品，商城可以自动根据老顾客以前的购买情况为其推荐商品，自动按其累计购买量打折，还可以为顾客提供个人信息服务，如提供网上秘书服务等。利用电子商务，顾客在购物时可以享受到以前享受不到的商业便利。

（七）购物地点不受限制

网络的超越空间性，使顾客在家中用鼠标就能到千里之外的商店购物。

（八）信息沟通更加主动

随着生产力水平的提高，买方市场的形成，商品供过于求，商品信息“爆炸”是必然的。顾客可以根据自己的需要，在网上利用搜索引擎自主地寻找需要的商品信息。

（九）选择的范围更加广阔

由于电子商务的商业网站利用了先进的信息系统以及相应的高效货物配送系统，无须货架，无须门面，因此商品品种不受物理空间的限制。可供商品品种的数量在理论上可以达到信息系统和配送系统的承载上限。

（十）结算支付更加有效

网上支付可以避免携带现金的不便、找零的麻烦、假币的担心等问题。通过比较，可以看到，电子商务为商业提供了前所未有的便利，因此才表现出勃勃的生机。这种传统商业企业不可比拟的商业便利性决定了电子商务的良好发展前景，也决定了传统商业企业将面临更多的威胁和挑战。

三、电子商务在社会生活其他方面的作用

（一）电子商务推动了银行变革

1. 电子商务为传统银行开辟了更为广阔的发展空间

资金媒介功能与交付服务功能是商业银行的基本功能。随着经济金融的全球化和网络技术的发展，银行提供支付服务的手段和技术更为先进多样，速度也更加快捷，从而使银行作为社会支付体系的功能不断得到加强，银行开始由传统的资金媒介主体向社会支付体系主体转变。银行不仅是社会资金流动中心，同时也是信息发布中心、商品交易中心和报价中心。银行既是货币流的载体，也是引导信息流和物资流的基本平台。在这种模式中，银行始终处于主动和主导地位，银行集中和传递的信息越多、越快，越能够引导规模更大、速度更高的社会资金流动，银行的效率也就越高，对社会经济运行的贡献也就越大。相对传统银行仅处于被动的社会支付中介来讲，这不仅意味着银行功能的转变，更意味着其发展空间的拓展。

2. 电子商务为不同类型的银行提供了可在同一个网络平台上公平竞争的环境

基于互联网的全球性、开放性和信息充分性程度的提高，电子商务不仅赋予了银行业一种全新的营销方式和全球性的巨大市场，提升了银行经营的国际化程度，而且重新构架起全新的银行竞争规则：所有银行无论实力雄厚，还是规模弱小；也无论历史悠久的“老字号”，还是处于成长期的“先锋代”，在网络上一律平等。在这种新的市场竞争规则下，新兴银行与历史久远的大银行在竞争的起点上是一致的，中小银行如果能把握住信息技术带来的机遇，完全可以与大银行并驾齐驱，在全球化的市场上公平竞争。这意味着在电子商务时代，决定银行竞争优势和实力的关键因素是科技水平，而不是规模的大小，更不是历史的长短。

3. 电子商务为传统银行个性化创新能力的提高奠定了基础

面对极大的金融商品选择空间和余地，客户将表现出日益强烈的“个性化”需求特征。银行的金融创新将以客户为导向，借助网络技术，根据客户的个性化需求为之“量身定造”，扩大以高效、个性化为主体的新金融产品和金融服务的供给，以满足市场和客户对多样化、个性化金融产品和金融服务的需求。

4. 电子商务技术为金融业务“一体化”发展提供了技术平台

网络技术的发展打破了传统金融业的专业分工，模糊了银行业、证券业和保险业之间的界限。银行不仅提供储蓄、存款、贷款和结算等传统业务，还提供投资、保险、咨询、金融衍生业务等综合性、全方位的金融业务。电子商务既克服了传统银行在时间和空间上的限制，又可以实现银行业务、证券业务。

5. 电子商务技术的发展，既加速了传统银行组织体系、管理体制和运作模式的整合、再造与变革的步伐，也极大地提高了银行的经营效率与效益。

电子商务使银行业务的扩展主要借助互联网。其原因有四：其一，传统银行的组织体系将适应电子商务的要求，由垂直式向扁平式、由物理化的传统实体向虚拟化的电子空间重构。其二，利用电子商务技术可以使传统银行业务流程与网络所具有的强大优势完美结合，将银行每个员工、部门、业务伙伴、策略同盟甚至每个客户都连接起来，使银行发展为从内到外浑然天成、无懈可击的电子商务有机体。其三，传统银行可以利用网络技术加强对资产和负债的风险控制与管理，实现风险管理由分散到集中、由定性到定量、由主观判断到客观分析的转变。其四，传统银行借助电子商务技术可以实现传统财务向网络财务的转变，实现会计核算、数据处理和财务管理的自动化、系统化和网络化。此外，通过网络技术，还可以使传统银行的营销模式、人力资源配置和创新能力得到彻底革新。

电子商务给传统银行带来的以上发展机遇，最终必然体现为银行运营成本的降低、服务效率与质量的提升和经济效益的提高。同时，互联网金融的崛起给传统银行业带来的除了机遇还有挑战。自 2013 年以来，阿里巴巴、腾讯、百度等互联网巨头，借助第三方支付或社交平台所积累的客户及数据资源，从余额理财切入，并拓展消费金融，乃至于发起设立民营银行，在实现快速发展的同时，对传统商业银行的冲击也日益显现。在这样的趋势下，商业银行明显加大了科技投入，在强化传统电子银行优势的基础上，积极介入互联网金融领域。值得注意的是，严格的监管以及长期以来所形成的规范审慎乃至于略显保守的经营行为和文化氛围使得传统银行在发展互联网金融时面临诸多挑战。

（二）电子商务推动了电子政务的发展

1998 年，联合国经济社会事务部把推进发展中国家政府信息化建设作为当年的工作重点，希望通过信息技术的应用改进政府组织，重组公共管理，最终实现办公自动化和信息资源的共享。利用信息技术来促进所有发展中国家的进步，其中最关键的步骤就是利用信息技术改进政府，即实现“电子政府”。

美国政府网站已经建设得相当成熟，联邦政府一级机构和州一级政府均已全部上网，几乎所有县市均已建有自己的站点。政府网站的内容非常丰富、有效，以“人口调查站点”为例，用户可以通过直观地图的形式，察看到州一级，甚至县一级的极其详尽的统计数据，包括当地从事各种职业的人口组成等。美国白宫站点有一个美国联邦政府站点的完整列表，可以链接到美国政府所有已上网的官方资源。

我国“政府上网工程”在 1998 年年底已经全面启动，这项工程的宗旨就是构建我国的“电子政府”。为加强全社会对“政府上网工程”的重视，有关部委将 1999 年定为我国信息产业界的“政府上网年”，之后电子政务有了较大的发展。我国目前有近 200 个政府部门在网上建立了自己的站点，其中，很多地方政府通过 APP、微信、微博来进行信息发布、业务办理等相关事宜，为百姓提供更加便利和个性化的公共服务。随着信息化的不断提速，基层社区等相关部门的网站、微博、微信将在电子政务大潮中发挥更加重要的功能。

除此以外，电子商务还在旅游、新闻出版、证券、房地产等领域发挥着越来越重要的作用。

第三节　电子商务的现状与趋势

电子商务应用的第一个阶段称之为内容发布，这时大多数企业只是通过网络发布自己的产品信息，把 Intemet 作为另一种向顾客提供信息的途径。这些宣传类的活动当然会给企业营销带来一定的好处，但是这些好处可能并不会对企业的收入带来太大的影响。第二个阶段是简单交易阶段，创新主要体现在局部的集成和新型商务模式上。在这个阶段，企业允许客户进入公司的内部信息环境，如查询银行账户、通过电子交易购买产品等。在这个阶段，建立一个安全可靠的信息系统成为对企业的必然要求。此时，电子商务已经为企业带来了实际的成本节约。

电子商务下一个阶段的发展将呈现出新的特色。在信息技术的帮助下，公司可以调整自己的业务流程，从根本上把企业改造成以客户为中心的模式。这类电子商务不再是局部的、前端的信息化，而是企业内部所有业务的完全整合，同时这种整合还可能是包含整个产业链中合作伙伴关系的整合，以便于最终为用户提供完全整合的服务。在这个阶段，虽然商务的基本法则没有改变，但利用电子商务，传统业务的完成速度和运营质量能提高几个甚至几十个数量级，更大地降低成本，更快地捕捉市场，并建立起长期、可持续赢利的商务模式。

一、透视电子商务的走向

（一）传统企业将成为电子商务的主体

纵观电子商务的发展过程：电子商务从 20 世纪 90 年代初、中期开始发展，至 90 年代末形成第一个高潮，但好景不长，由于炒作过度，到 1999 年下半年和 2000 年，电子商务热急剧降温，许多 IT 企业的股票价格急剧下跌，许多从事电子商务的企业严重亏损，有的甚至被淘汰出局。此后，又逐步回升。

人们在 2000 年网络泡沫破灭后深刻体会到：企业，尤其是传统企业才是电子商务的主体。因而，电子商务发展到今天，必须有大量传统企业的加盟，才能推动电子商务走向下一个高潮。

（二）B2B 成为全球电子商务发展的主流

在电子商务的几种交易方式中，B2C 和 B2B 两种所占分量最重，而 B2B 又是重中之重。从国际电子商务发展的实践和潮流看，B2B 业务在全球电子商务销售额中所占比例高达 80% ~ 90%。从交易额上看，B2B 交易可以说是电子商务交易额的大宗。中国同样如此，2000 年中国有近 99.5%的电子商务交易额为 B2B，B2C 只占 0.5%。虽然很多机构对 B2B

所占比例还有不同看法，但都认为会超过 50%。

（三）进入电子商务市场的企业日趋多元化

从国际电子商务的发展来看，进入 B2B 市场的企业越来越多，主要有四种类型：一是传统的 IT 巨头。像微软公司，始终在准备积极参与电子商务领域，其他较早进入 B2B 领域的 IBM，Sun，Intel 等也纷纷加大投资。二是新兴 Intemet 巨头，如 Yahoo、AOL、eBay、ShopNow.com、Beyond.com 和 Pricline.com 等。与传统 IT 企业不同，这些新兴 Internet 巨头凝聚了网上大部分人气，并且有足够的 Internet 经营经验。三是传统行业的跨国公司。通用汽车、Sears Roebuck、杜邦公司等传统领域的巨头纷纷斥巨资进入这一领域，希望通过 B2B 平台优化，改造其原有的价值链，以创造 Internet 时代新的竞争优势。四是现有的 B2B 电子商务公司。面对各种各样的公司纷纷涌向 B2B 市场，Ariba 和 Commerce one 等这一领域的先行者不甘示弱，纷纷表示将凭借他们已经建立起来的技术优势和经验与后来的竞争者抗衡。

（四）电子商务发展的地区差异日益扩大

世界电子商务的发展很不平衡，电子商务鸿沟有逐渐扩大的趋势。美国电子商务的应用领域和规模远远领先于其他国家，在全球所有电子交易额中，目前大约占 50% 以上。世界范围内已经形成了以美国为首，欧洲和亚洲发达国家随后的国际电子商务发展格局。

（五）电子商务在各个产业的应用程度不同

电子商务给不同行业所带来的机会大不相同，不仅向各个产业渗透的顺序不一样，而且各产业所获得的收益也不尽相同。有的研究表明，计算机和通信设备生产厂商特别适合采用电子商务。

二、客户服务的趋势——电子商务带来更快捷、更方便的服务

（一）快捷的服务

享受快速的服务是客户选择商家的一个重要原因。如果一个商家不能满足客户对服务速度的要求，必然有其他的商家满足这种要求，抢夺客户。为了争夺并保持客户，企业必须减少客户搜索产品、选择产品、确立订单和售后服务等的处理时间。任何一个环节的迟缓，将导致整个客户服务的延缓。通常服务时间的延迟是由于大量的手工传递作业导致的。例如，对于一个产品制造商，每一个订单可能多次输入到订货系统中去：第一次，输入客户订购的产品规格要求，并打印出来以备检验是否按照订单进行生产；然后根据合同制订配送计划。第二次，将相关信息输入商业运作系统中验证是否有能力生产该类型的产品。第三次，将信息输入产品制造系统中去验证生产计划。这种重复的劳动和支离破碎的信息系统导致服务的延迟。因此，必须构建一体化的、集成的信息系统，满足几乎整个商业运作，从接受订单、审核订单有效性、订单传递到库存要求的传递、更新库存信息、更新账

目信息、要求补充存货等。在日趋激烈的竞争环境下，为了满足日益挑剔的客户，商家只有革新其商务运作模式才可能生存和发展，这就要借助电子商务来缩减客户服务等待的时间。因此，我们可以预料到快速的客户服务将是电子商务发展的一个重要趋势。

（二）自助服务

自助服务将成为电子商务发展的另一个趋势，在房地产、保险业、旅游业、汽车购买业、拍卖（买）以及零售业等行业中，客户和商家将通过网络完成商业过程，人工干预很少。此外，值得一提的是自助服务在售后服务中大有作为。客户将面对一天 24 小时、一周 7 天开通的自助服务系统，通过该系统，客户可以查询到公司信息、产品信息、订单信息以及获得一定的技术支持，减少人工干预，使服务更加方便和快捷。例如，客户可以在 HP-Compaq 公司的网站里下载最新的产品驱动程序、产品使用手册，并可以通过填写表单的形式获得技术支持。在线自助旅游业也将成为很有前景的一个行业，客户通过旅游预订系统，浏览了解全世界各个旅游景点、选择旅游路线、预订交通工具以及饮食住所等，降低旅行成本，极大地方便客户。例如，即将建设的“九寨沟旅游电子商务系统”将利用信息化、网络化的手段将传统业务进行整理、优化，同时衍生出原有环境下无法产生的许多新业务、新服务；旅游者将能通过该系统获得各种个性化服务，甚至可以通过虚拟现实技术在网上如身临其境般地感受到景区名胜以及入住酒店的情况等。

（三）集成化的服务

方便、快捷、个性化服务是新的商业模式下客户服务的基本特征，为了达到这个要求，客户面对的电子商务系统必须是集成的、一体化的，这种集成和一体化不仅仅是功能上的集成，还包括内容数据上的全面，而不是像现在一般系统那样的支离破碎。功能上的集成是指客户可以通过电子商务系统来完成一系列相关的功能，比如说网上拍卖系统，客户可以通过相应系统输入拍卖产品的资料（包括照片、文字资料等），可以查询到历史上该产品的一般定价，可以设定拍卖起止时间、可以随时获知买家信息和最新的价格，可以通过在线聊天和电子邮件的形式和买家商量具体事宜等；所有相关的功能都集成在该系统中。内容的全面是指数据资料的全面性，用户通过一个系统就可以在最大范围内进行资料和信息的查找匹配。比如说，在线自助旅游系统，用户只需要访问该系统就可以查找到所有旅行社的旅行线路的情况；又比如说在线产品的搜索，搜索库应该尽可能地全面和丰富，用户不需要为了查找产品和数据，从一个系统跳到另一个系统，这样可使用户得到最大数据量和最方便的服务。

三、企业（或者公司）趋势——电子商务成为企业发展的新动力

（一）更好的服务，改进客户关系

争取和保持客户对大多数商家来说是首要的考虑因素，在产品质量和服务项目基本一

致的情况下，客户对产品和服务的质量和个性化的要求就变成决定性的因素。因此采用新技术，为每个客户定制商品和服务将成为企业新的利益增长点。这样，销售和服务将不再是分割的功能模块，就像往常那样，先销售产品，然后再提供售后服务；相反，它们已经成为互相促进、紧密联系的一体。这意味着，在提供产品之前，就提供快捷方便的服务帮助客户搜索商品，做出决策；在提供售后服务的同时，促进新的购买倾向。

（二）逃离信息孤岛，走向应用集成

据 META Group 的统计，一家典型的大型企业平均拥有 49 个应用系统。这些应用系统包括 CIMS、MPR、ERP、SCM、CRM，商务智能，决策支持等；各个部门运行不同的系统，导致数据缺乏一致性、信息集成化程度不高、系统间信息传递缓慢，安全性得不到保证等问题，从而形成信息孤岛，给企业造成难以估计的各种损失。

而电子商务要求与供应商、合作伙伴，当然还包括与客户之间具有更高程度的系统集成、协调和协作。这些团体都各自具有它们特定的需求、专门技术以及计算技术。将企业核心应用和新的 Internet 解决方案结合在一起还不能说完成了电子商务的构建，必须使这些系统能够协调地工作才行。如当用户通过 Internet 订购一个产品时，该产品需要被包装发运，用户需要付款，产品库存信息需要进行修改更新，原材料或新的备件需要被及时订购。这一电子商务过程的实现，是新的基于 Web 的系统和现有的在企业中运行的后台应用系统之间的集成结果。

（三）管理隐性知识，实施知识管理

对于企业来说，知识管理能够帮助企业解决很多实际的问题。除了通常所说的把显性的知识收集、保存和整理起来，为企业的管理和决策服务以外，更为重要的是，它能把存在于人的大脑中的、难以表述的知识也以某种方式留存。通俗地说，知识管理强调通过将隐性知识沉积在制度及操作层面，创造有利于隐性知识传递的环境条件，实现知识共享，避免“财随人走”的风险。

知识管理要求将企业的隐性知识显性化，而对知识特征的描述一直是人工智能发展的瓶颈，神经元支撑网络等概念依然没有得到真正的发展。因此，如何有效构架知识库、如何设计知识管理产品是一个相当富有挑战性的难题。

（四）选择外包，提高核心竞争力

为了专注于企业自身的核心业务，提高企业核心竞争力，越来越多的企业选择外包而不是自己建设 IT 基础设施。电子外包包括 Web 托管、存储托管、应用服务外包等。

为电子外包提供的电子商务运营维护服务将非常全面。它是一个包括网络架构、数据处理、企业应用程序运营维护管理等方面在内的“全面”服务，其内容涵盖从行业战略层面的商务战略咨询和托管服务，到企业管理层的电子交易、电子协同、客户关系管理、供应链管理、企业资源规划、商务信息咨询等全方位应用系统管理服务。当然，还包括 IT 系统的设计、实现和后期的维护服务。

四、网上政府的趋势——电子政务带来什么

2002年6月，在华盛顿召开的“全球电子政务大会”上，作为“数字北京”重要组成部分的中关村“数字园区”得到了与会者的一致关注和好评。世界银行的官员更是评价“北京电子政务走到了世界发达国家的前面”。那让我们看看什么是“数字园区”？电子政务究竟能带给我们什么？海淀园的“数字园区”是基于Internet平台、面向公众的交互式电子政务系统。该工程的重点是建立交互式、开放式、集成的网上办公环境，可以集中办理多项政府管理及服务项目的办公问题，并通过一套企业和政府之间的报表，在政府各个部门之间实现数据共享。

根据2002年年初海淀园管委会对35245家企业进行的使用情况调查表明，该系统的使用工作效率提高了11.16倍，成本降低了46.3%，办事时间缩短75.9%，节省人力30.1%。电子政务的实施有助于打破时间、空间和部门分隔的制约，将政府机构管理和服务职能，由传统手工、纸面、封闭的运作方式转换为自动、电子、开放的方式，在网络上加以实现，极大地提高政府管理工作的效率和质量，增大决策的透明度，是政府管理方式和手段的革命。

“物质生活的生产方式制约着整个社会生活、政治生活和精神生活的过程……随着经济基础的变更，全部庞大的上层建筑也或快或慢地发生变革。”马克思在《政治经济学批判》序言中说过的这段话，可以让我们清楚地知道，电子政务风潮在全世界范围内的广泛兴起，其本质是人类社会进入信息时代之后，作为上层建筑核心的国家政权为适应经济发展的需要以及更有效地行使政体统治职能，所必须进行的一种行政程序革新措施。当今世界开始进入电子政务时代，马克思所说的那种“或快或慢”的变革正在逐步发生，但就目前而言，电子政务能够改变的只是行政流程和方法，而且这还要在政治家愿意接受的情况下，才可能顺利地实现，但无论如何，电子政务都将是各国政府明天不得不面对的新趋势。

五、电子商务发展的前沿技术

（一）栅格电子商务(G–Commerce)

1. 栅格运算的含义

栅格运算(Grid Computing)，源自“电力供应网(Power Grid)的术语。“Power Grid”意思是根据用户的需要供应电力，而消费者只需支付自己所使用的那部分电费。与此相类似，在电脑的处理性能方面，栅格运算是指通过有效的调整位于全球不同地区的应用程序和资源，增强网络服务的能力，使得众多用户可在大范围的网络上共享处理能力、文件以及应用软件，而无须在意具体的执行和服务过程。栅格运算提供了一个可靠的、动态的、全面的基础设施，集成了超越地区及组织界限的资源、应用程序和服务，从而构建了网络服务的范围，使网络回归了本性。栅格主要由节点、数据库、贵重仪器、可视化设备、宽

带骨干及栅格软件等六部分组成。

专家认为，栅格技术是现代高科技发展的必然产物，从生物领域的后基因序列计划的解读，到高能物理领域更深层次物质结构的研究，乃至于哈勃望远镜所领取的大量宇宙资料，以及气象、地震预报预测，种种重大科学领域的运算问题，均促成科学家利用遍布全球的计算机资源，通过高速网络予以串联，共同解决运算问题。

2. 栅格电子商务的应用

Internet 其实是计算机资源扩展的需要。而栅格技术的发展是 Intemet 进一步发展的需要，构建在 Internet 基础之上的电子商务必然迎来自己的栅格商务时代。

过去，Intemet 主要提供电子邮件、网页浏览等通信功能，而栅格技术提供的功能则更多、更强，除能提供共享运算、存储及其他资源外，还包括通信、软件、硬件及知识等资源。栅格电子商务将带给企业最优化的资源配置、新型的商业模型和改进的管理模型，可以帮助企业创建虚拟组织等。

使用栅格技术，采用外包方式，企业可以专于注核心业务，降低成本，提高服务；利用栅格运算，芯片设计商可将原来需耗时数星期的设计任务，提前在数小时内完成，从而缩短产品的面市时间。同样，汽车制造商亦可利用栅格进行模型的仿真测试，从而取代原来的电路测试和风洞试验，降低产品的设计成本。而在金融业，栅格技术将在风险控制与管理等方面发挥巨大作用。至于基因工程领域，栅格将是药物分子仿真、药物研究、基因测序等应用最理想的工具。

尽管栅格技术还远不如 Internet 和 Web 技术那么成熟，却已有部分公司和研究所进入使用或试验阶段。美国能源部的山地亚国家实验室最近宣布，其“先进战略运算创新计划栅格”将用于核武器研究。此外，美国国防部与欧洲能源机构等都已先后开始采用栅格技术。论及栅格的应用范围，放眼国内诸多领域，如能源、交通、气象、水利、农林、教育、环保等都对高性能运算栅格及信息栅格的需求有迫切的要求。目前由于国内各领域研究资料零碎分散于各处，共享困难且利用率低，将来若将此类资料透过栅格共享，就可发挥最大的综合效果。

目前，栅格研究主要以美国和欧洲为首。其中英国政府已投资 1 亿英镑，用以研发“英国国家栅格”(UK National Grid)。此外，美国政府用于栅格技术的基础研究经费则高达 5 亿美元。美国军方正规划实施巨型栅格计划，名为“全球信息栅格”(Global Information Grid)。作为该计划的一部分，美国海军陆战队另推动一项耗资 160 亿美元、历时 8 年的项目，其中包括系统研发、制造、维护及升级。

3. 发展栅格商务的领头羊——IBM 公司

美国 IBM 公司很早就开始进行栅格技术的商用开发。该公司确立了名为“Grid ComputingInitiative”的项目，准备探索在企业中的应用问题。“Grid Computing Initiative”项目的目的是在客户企业需要时构筑必要的处理系统。该项目从技术角度看可分为两个侧面。一是 Peer to Peer(或者叫作 Clustering)，二是 Time Sharing 技术。对于 IBM 而言，该开发设想可以说是基于开拓国防部和情报机构等潜在的巨大市场，实现大量销售硬件的企业战略。而从长期来看，IBM 可以通过这一项目构筑起高速度的研发基础设施，不仅是以前的外包业务，就是 Web 服务等更大范围的项目也都可以使用。即使对于纯粹需要计算能力的用户 (研究机构、设计及从事电影和电视特殊效果制作的人员)，这也将是非常有用的资源。

此外，IBM 在美国的伊利诺斯大学的超级运算中心、圣地亚哥大学超级运算中心以及 Argonne 国家实验室之间构建了分布式万亿级别的栅格运算系统 (Distributed Teras cale Facility)。该系统具有超级的处理性能，每秒能完成 13.5 万亿次操作，存储能力接近 700 万亿字节。该系统是目前欧洲最大的巨型计算机运算能力的 7 倍。可以想象，该系统一旦正式投入商业运转，将带来巨大商业革命。

（二）移动电子商务

1. 移动 Internet 成为新热点

建设新一代安全、高效的 Internet，除了进一步提高地面网络的传输能力和健壮性外，离不开强大的空中移动 Internet 的支持和补充。

传统的 Internet，是以点对点通信为基础构建的，网络节点之间进行通信对线路要求很高。随着网上传输的数据量不断增多，人们对信息的需求更加多样化，这种通信方式远远不能满足电子商务发展对其的要求。同时，Internet 上的信息传输并不都是点对点方式的，相当数量的信息是从一个源发给多个接收者的，即信息广播或多播，这些信息如果利用点对点网络来传输，就会极大地浪费网络资源，降低网络的使用效率。

随着数字技术与网络技术的结合，计算机与通信的融合以及 Internet 与移动通信的融合发展，全球移动无线 Internet 及其应用得到了高速发展。移动电话和 Internet 成为当今信息业发展的两个热点，这两者的融合产生了新的增长点，即移动 Internet。它采用网际互联协议 IP，实现异质网间的互联互通，并为今后异质网的融合，特别是异质网间业务与应用的融合提供了重要的技术基础。

2. 移动 Internet 引发移动商务

越来越大的市场竞争压力促使商家寻求一切可以增加销售，提高服务水平，提高效率，同时用缩减成本的途径来帮助企业获得更多市场份额和更高利润。这是推动企业不断寻求高科技手段来提高竞争力的原动力。正如 Internet 技术的发展与应用对传统商务模式造成了巨大的影响与变革，移动 Internet 的发展也为企业提供了更多的可能，为用户便捷、快速地获取信息提供了多样化的选择，并且提高了商务处理能力。

在已经先行一步成功运用移动商务的企业身上，我们可以清楚地看到运用移动商务给企业带来的巨大利益：加强渠道控制和销售管理；提高客户服务水平，减少响应时间；降低通信成本和减少所需时间；提高员工士气和工作效率；减少差旅费用；减少设备成本。

移动商务可以提高人们的生活质量，提高企业的核心竞争力。这些都是显而易见的，特别是，移动商务只需在先前的电子商务的投资基础上进行构建，而电子商务的投资是植根于十数年的企业的信息化支出，这些早期的投资利用功能强大的全面应用和企业内部Internet对原先在企业内各孤立部门内的业务、功能加以自动化和集成化，而移动商务的基础设施则是这些早先配置了的技术在新领域的逻辑延伸，移动领域的突飞猛进将会给电子商务带来新的血液、新的希望和新的起点。

3. 移动商务的美好明天

未来的移动商务是由手机、传呼机、掌上电脑、笔记本电脑等移动通信设备与无线上网技术结合所构成的一个电子商务体系，它的内涵已经不再是仅仅提供信息接入设备以及服务那么简单，而是要通过更丰富的移动Intemet接入，提供有效的解决方案，解决实际的商务应用问题。移动商务应用的发展，将基于移动设备的行业应用软件，最终与企业或行政部门等各类组织自身的信息管理系统建设实现紧密结合，形成二级或三级结构的移动商务系统，这样的系统将具有以下特点：

①以掌上电脑等移动设备结合移动应用软件构成的移动信息终端为基础。

②系统结构反映单位的管理结构和业务特点，符合其工作对移动数据管理和数据流向的基本要求。

③来自移动信息终端的第一手数据能够及时、准确地反映业务进展状况，为管理决策提供有效的支持。这样的移动商务系统将更加切合各行业的实际工作情况，将信息化从固定的部门级推进到移动的个人级，是对传统商务系统的扩展性变革，在未来的信息系统建设中必将成为主流。

移动商务将会彻底改变我们的生活和交流方式。在不远的一天，对我们来说只要拥有一部无线设备，就等于拥有了一切工具，在自动售货机前，我们不用费力气寻找硬币，只要用手机发一个信号，一切就尽在掌握之中。它的应用还远不止于此，在教育、金融、健康、旅馆以及零售业、制造业等各个领域，它都有广泛的应用前景。实际上，这些并不遥远，在美国，超过100万的汽车配备了卫星跟踪及通信设备，其中多数配备了On Star，On Ster提供了气囊展开自动提示、被盗汽车跟踪，应急服务、远程解锁等功能。在我国，越来越多的家用电器、汽车等常用工具上都具备了智能化服务，这些都是移动商务的基础。

（三）流媒体与中间件

1. 流媒体

近年来，为解决文件下载时间过长的问题，适应网络多媒体化的发展趋势，一种新兴技术应运而生，这就是遵守特定网络协议的流媒体技术。流媒体是指采用流式传输方式在Internet上播放的媒体格式，如音频、视频或多媒体文件。和常规视频媒体不同，流媒体可边下载边播放。以宽带为基础，流媒体不仅可以进行单向的视频点播，还能够提供真正互动的视频节目，如互动游戏、三维动画等。

流媒体技术可广泛应用于网上新闻发布、在线直播、网络广告、远程教育、实时视频会议等，目前应用最直接的是网上直播。作为新一代 Internet 的标志，宽带流媒体彻底改变了传统 Internet 只能表现文字和图片的缺陷，而可集音频、视频及图文于一体。流媒体将成为未来 Internet 应用的主流，并将推动 Internet 整体架构的革新。

专家认为，3~5 年后，网络的声音和影像品质将达到目前电视的水准，但是和电视相比，观众可以拥有更多自主权和选择权。

近年来，流媒体技术在世界范围内得到应用。来自国际权威机构的调查，2000 年在网上访问流媒体的人数增加 655。西方网络发达国家访问流媒体的人数已达到 1.1 亿人，约占网民的 1/3，在亚洲也迅速增加到 2500 万人，将近网民的 1/9。与用户增长相呼应，2001 年 Internet 上视频流媒体技术应用增长幅度达 251%。

2. 中间件

如果没有中间件，在世界范围内掀起的电子商务浪潮绝不会发展到今天如火如荼的局面。从应用的角度来看，电子商务网络应用体系的内涵是各种现有应用的不断扩充和新应用形式的不断增加，迫使企业的 IT 部门需要解决越来越多的需求，尤其是对分布式网络应用的需求，诸如跨越不同硬件平台、不同的网络环境、不同的数据库系统之间的互操作等，这些问题只靠传统的系统软件或 Web 工具软件提供的功能已经不能满足要求，作为电子商务网络应用体系的中间平台也就应运而生。一般来说，电子商务应用服务器、通用业务网关、支付网关、通信平台和安全平台，都属于该范畴的产品。

电子商务应用服务器的作用是让网络应用的开发、部署、管理变得更加容易，涉及的技术包括 EJB、CORBA、DCOM、IIOP、XML 等。主要功能是提供在服务器端的分布式应用的部署，包括对象生命周期管理、线程管理、状态管理、安全管理等，数据源连接访问管理、交易管理等，大规模并发网络用户管理、均衡负载、容错等，与现有系统的无缝连接等。

通信平台作用是建立与维护底层数据通道。在功能上，通信平台提供了一种灵活、可靠的方式，把数据从一个商业伙伴发送给另一个商业伙伴，或者把数据从不同的源发地采集到一起或转发。在这里包含同步 / 异步传输、通信服务、数据标记、加密、队列和监控等。

安全平台是建立在一系列相关国际标准之上的、以公钥算法为核心的一个开放式安全应用开发平台。基于安全平台可以开发、构造各种安全产品或安全应用系统，如用于文件加解密的安全工具、安全网关、公证系统 (cA)、虚拟专网 (VPN) 及其他的需加强安全机制的用户应用系统。安全平台除了内核的管理模块外，同时向上为应用系统提供开发接口，向下提供统一的密码算法接口及各种 IC 卡、安全芯片等设备的驱动接口。

六、电子商务是历史发展的必然趋势

（一）新一代电子商务

初级的电子商务只是企业建立静态网站，构建产品信息库，搭建网站前端与后端订单管理与存货控制系统的互相连接。面对全球的竞争优势，企业将从初级的电子商务模式发展成为新一代的电子商务——为客户量身定制产品及服务。换言之，电子商务模式将从以厂商为中心的营运导向转向以客户为中心的需求导向。这使得客户能够直接从一个公司的网站发出和追踪订单，并在订购过程中享有更多个性化服务和拥有更多的控制权。对于企业来说，在下一代电子商务中，企业将能透过网际网络技术以电子化形式实时地管理其国内外供货商的业务交流，从而为客户提供素质更佳的定制化产品及服务上。

新一代电子商务将会给老产品以新的形式，或者提供新产品、新市场以及新的销售渠道，并将彻底地转变顾客和供应商之间的关系，而不仅仅只是改善他们之间的关系。具体来说，即表现在电子商务将提供人性化、柔性化、快捷和高效的服务上。

1. 电子商务的个性化

电子商务的个性化是指电子商务企业向客户提供个性化的服务。它主要包括三方面的内容：一是需求的个性化定制。由于自身条件的不同，客户对商品和服务的需求也不尽相同，因此如何及时地了解客户的个性化需求是首要任务。二是信息的个性化定制。Internet为个性化定制信息提供了可能，也预示着巨大的商机。华尔街时报很早推出的个人电子报纸就是一例。Internet 最大的特点是实时、互动，随着网络互动电视的发展，消费者不仅可以实现电视点播，还会促使个人参与节目的创意、制作过程。三是对个性化商品的需要。特别是技术含量高的大型商品，消费者不再只是被动地接受，商家也不仅仅是提供多样化的选择范围了事。消费者将带着个人的偏好参与到商品的设计和制造过程中去。

个性化服务在电子商务中的地位将越来越高，将会成为电子商务新的突破口。过去个性化服务是比较浅层次的，因为客户的购买记录太少，无法积累足够的数据。然而今天许多 B2C 网站动辄拥有上百万的用户，每天拥有上万张订单，可以为客户提供有经济价值的个性化服务。但这样的个性化服务分析必须是商业的分析，在传统经济分析中人们发现“尿布的销售量与啤酒的销售量”有关，而现在的 B2C 正要引进这种类似的传统商业领域的规律，自从有了连锁店后就有人研究 POS 机应该摆放在客户的左边还是右边，最后发展成一门专门的学问。网络上虽然没有 POS 机，但存在着类似的消费习惯。因此，Intemet 需要自己的商业规律，但没有足够多的数据与商业实践是无法总结出规律的，Internet 期待着全新的 B2C 零售理论与规律的出现，每一个规律的发现都会使 B2C 向前走一大步。

2. 电子商务的柔性化

柔性化是以“以顾客为中心”的理念为基础而在生产领域提出的，但需要真正做到柔性化，即真正地能根据消费者需求的变化来灵活地调节生产工艺，没有配套的柔性化的物流系统是不可能达到目的的。20 世纪 90 年代，国际生产领域纷纷推出弹性制造系统 (Flexible Manufacturing System，FMS)、计算机集成制造系统 (Computer Integrated Manufacturing System，CIMS)、制造资源系统 (Manufacturing Requirement Planning，MRP-II)、企业资源计划 (Enterprise Resources Planning，ERP) 以及供应链管理的概念和技术，这些概念和技术的实质是要将生产、流通进行集成，根据需求端的需求组织生产，安排物流活动。因此，柔性化的物流正是适合生产、流通与消费的需求而发展起来的一种新型物流模式。这就要求物流配送中心要根据消费需求“多品种、小批量、多批次、短周期”的特色，灵活地组织和实施物流作业。

3. 电子商务的便捷化

借助栅格技术和移动互联技术，电子商务将以其快捷、高效方便的特性带给我们无微不至的服务，使我们突破时空的限制，无论处于何时何地，总能快速方便地访问到有用的信息。用户将能迅速安全地存取和即时交互访问 Internet 和公司内部网，处理各种信息，用户可以在 Internet 上查询航班时刻表、天气预报、股票行情、比赛比分和综合新闻等信息；用户可以在任何地方进行一切电子商务活动。可以这样说，Internet 将发展到世界的每一个角落，融入人们的生活中去，改变那些上网和不上网人们的生活状态；电子商务的应用领域和发展空间将无限扩大，并将克服现代商务时间、空间上的局限性，给人们带来无法想象的便利。

可以这样说，就如同拧开水管就能接到水一样，我们将便捷地获得电子商务的服务，新一代的电子商务正向我们招手。

（二）电子商务大趋势

1. 电子商务带来的巨大机遇

由于电子商务的出现，传统的经营模式和经营理念将发生巨大的变化。电子商务将会创造巨大的效益和机会，会将市场的空间形态、时间形态和虚拟形态结合起来，将物流、现金流、信息流汇集成开放的、良性循环的环路，使经营者以市场为纽带，在市场上发挥最佳的作用，得到最大的效益。可以肯定，电子商务的发展会带给我们一个经济更加繁荣的时代。电子商务的发展，不仅将有力地推动 Internet 的发展，对社会的进步和经济的变革产生深远影响，更重要的是它本身的发展和成熟为我们提供了许许多多的机会。对于传统商业来说，确实面临着一场新的革命。原有的商业格局有可能重组，商业企业和商业流通将出现变革，在变革过程中，有可能打破原有的差距，使大家站在同一起跑线上。尤其是对于发展中的中国商业来说，通过电子商务实现飞跃确是难得的机遇，如果抓住了机会就有可能较快地缩短我们与发达国家的距离。

电子商务给中国企业提供了千载难逢的“历史机遇”。中国的商用 Internet 建设比国外只晚了 2 ~ 3 年，无论美国还是中国，在新的信息产业革命中都面临着同样的挑战，机会是相对平等的。而中国的经济改革实际上面临着双重挑战。第一，中国还不具备工业文明所要求的一些特征，如规模、质量与资本的积累；第二，信息经济又不以人的意志为转移。美国是一步步从工业经济走向信息经济的，而我国的改革一方面要完成工业经济的建设，建成世界上最有规模、最有质量、最有资本竞争力的现代工业体系；另一方面，我国的企业为了成为真正有国际竞争力的企业，必须面对追求效率、标准与智慧的信息经济的挑战。

客观地讲，信息技术对于世界各国的企业来说都是一种发展机遇、一种完全平等的机遇，但对于我国的企业来说，这个机遇就更加珍贵、更加重要了。古代的中国人凭借自己的勤劳双手创造了灿烂辉煌的农业文明，近代的中国人却由于“闭关锁国”丢掉了再次领先的机遇。中国新一代领导人的“改革开放”政策解除了中国经济发展的锁链，重新把中国企业推向世界经济舞台的前沿。中国经济在近几年中的进步是有目共睹的，外国人也正是看到了中国的发展才认为世界的经济中心会转移到亚洲。但中国企业近几年的发展并没有从根本上改变世界经济的格局，中国还不具备工业文明所要求的一些特征。中国的企业还缺乏竞争力，还缺乏雄厚的资本、广阔的市场。正是因为这些原因，我们面前的这次机遇才算得上是真正的千载难逢，因为它带来了新的企业运营方式，这些方式使我们的企业不必具备工业文明的特征也能达到同样水平的竞争力。

2. 电子商务是历史发展的必然

电子商务经过十几年的发展，在世界上经济发达的国家里已经生根、发芽，并开始结出丰硕的果实。精明的企业家不断地利用先进文明带来的科学技术，为人们营造着越来越广阔的“电子空间”，在人们感受到由此带来的种种便捷和愉快的同时，也勾画出企业新时代的发展蓝图，酝酿着信息时代的经济腾飞。

从诸多层次来看，电子商务为我们创造了崭新的市场机会。在机会面前，谁把握得及时，谁就能成功。那么也可以预见，在未来的几年中，基于电子商务的产品和技术一定会非常明显地占据市场。相应地，能及时调整方向，基于电子商务进行投资，并进行产品技术开发的企业也许能走出市场困惑，找到新的生存基点。电子商务是我们这一代人献给21世纪的一份厚礼。考虑到中国美好的经济前景、巨大的贸易额以及辽阔的疆域，电子商务在中国的前程无限，它必将在中国发展壮大并有力地推动中国经济的迅猛发展。这是一个不可逆转的大趋势。

任何新事物都代表着一种趋势，那些符合人类进步的趋势必然会得到大家的认同。电子商务就是这样一种事物，它对人类社会进行着全方位的改造，在企业竞争、政府部门、公共研究机构、教育以及娱乐等方面改变着人类相互交往的方式，为人们展示了一个全新、璀璨的世界。开展电子商务是一种国际大趋势，在未来全球竞争面前，一个企业如果跟不上，就无法生存下去；一个国家如果跟不上，将会被越落越远。

第四节　电子商务与供应链的关系

一、供应链管理的概念

许多年来，一些企业为了更好地实施内部管理与控制，一直采取“纵向一体化”(Vertical Integration)的管理模式。即企业除了建立具有竞争优势的核心企业外，还对为其提供原材料、半成品或零部件的其他企业采取投资自建、投资控股或兼并的方式。企业推行“纵向一体化”的目的，是为加强核心企业对原材料供应、产品制造、分销和销售全过程的控制，使企业能够实现产、供、销的自给自足，减小外来因素的影响，在市场竞争中掌握主动权。在市场环境相对稳定的条件下，“纵向一体化”的管理模式发挥了一定的作用。但是，随着信息技术的飞速发展，经济全球化市场的形成，消费者的个性化需求不断提高，企业之间的竞争日益激烈。在这种市场环境下，“纵向一体化”管理模式的弊端逐渐地暴露出来。为了满足这种自给自足的状况，企业将大量的资金、精力与时间投入到自己并不擅长的非核心企业领域中去，不仅要在每一个纵向市场中与其他企业进行竞争，并且一旦在某一纵向环境中出现问题，将会导致整个企业的被动。因此，“纵向一体化”的管理模式已经很难在当今市场竞争环境下获得所期望的利润。这迫使企业面对变化迅速且无法预测的市场不得不采取许多先进的制造技术与管理方法，企业的管理理念也随之发生了重大的变革，从多年来一直奉行的“纵向一体化”转向了“横向一体化”(Horizontal Integration)的思维方式。“横向一体化”思维方式的核心思想是企业核心竞争力，即企业只需注重自己的核心业务，充分发挥核心竞争优势，将非核心业务交由其他企业来完成，实施业务外包，最大限度地取得竞争优势。而供应链管理正是这一思维方式转变的具有代表性的管理模式。

“横向一体化”的管理理念形成了一条从供应商到制造商、再到批发商贯穿所有企业的“链”。由于相邻节点企业表现出一种需求与供应的关系，当把所有相邻企业依次连接起来便形成了供应链(Supply Chain)。这条链上的节点企业必须达到同步、协调运行，才可能使链上的所有企业都能受益，这就是供应链管理(Supply Chain Management，SCM)的经营与运用模式。比较典型的供应链管理的概念有这样两种。国外的资料定义：供应链管理是在满足服务水平需要的同时，为使系统成本最小而采用的把供应商、制造商、仓库和商店有效地结合成一体来生产商品，并把正确数量的商品在正确的时间送到正确地点的一套方法。国内比较有代表性的是华中理工大学马士华教授的定义，他认为供应链管理是一种集成的管理思想和方法，它把供应链上的各个企业作为不可分割的一个整体，使供应链上各企业分担的采购、生产、库存、运输和销售的职能成为五个协调发展的有机体。这两个概念都体现了整体性、系统性的观点，这也是在现代经济全球化和信息技术环境下，供应链管理发展的必然趋势。

供应链管理是一项系统工程，它的实施需要考虑多方面的因素，遵循系统工程方法论的基本原则，协调各种目标之间的平衡。如降低库存成本与提高用户满意程度平衡，供应链中不同成员、相互冲突的目标的平衡，各种信息在供应链企业中的共享问题，供应链企业之间的战略合作伙伴关系问题等，这就需要采用系统管理理论、量化的数学模型及交叉学科和技术领域的相关方法加以综合运用。作为大多数公司的现代企业管理的主流，供应链管理受到高级管理层的普遍重视。供应链的最优化(SCO)已经成为这些活动的核心目标。

该活动的主要目的是通过降低经营成本，提高产品和服务质量的方式来改进物流和分销活动，乃至整个供应链的表现水平，从而达到提高整体企业赢利的目的。供应链最优化 (SCO) 最初仅局限于如何通过作业计划来实现如何降低经营成本。但是如今供应链管理已经发展成为一个成熟的企业改造项目。它包括从接受订单、采购原材料、指导最终消费、提高服务反应速度和产品的再循环利用。

随着供应链重要性的不断加深，那些致力于供应链管理的企业又发现了一些新的管理目标。例如，提高产品附加值、提高客户满意度等。当公司收益得到回报时，企业便把管理目标集中到供应链最优化 (SCO) 成本和收益上面，以其作为一种必要手段来谋求创造更好的总体企业价值。在实现最终目标——最大限度地利用企业的总体资源的过程中，企业不断地实现最优化，这也是所有供应链最优化 (SCO) 活动的核心目标。

随着最优化活动的进一步开展，企业必须得到企业外部经营伙伴的支持，这也就要求外部伙伴必须对供应链有一定的了解。当产业链上的所有公司都发现自己所采取的供应链最优化 (SCO) 所产生的巨大价值时，这些企业便会自然而然地与受益于这个供应链中的其他商业伙伴共享。每个公司通常都会有很多的合作伙伴——供应商、分销商和客户公司等，只有通过与这些伙伴共同进步，企业才能够取得进一步的发展。在以后的发展过程中，开始由整个供应网络的中共享最好的想法和实践转变为一个新的互动网络，企业之间将致力于寻找一种更有效的方式来共同成长，从而使整个供应链网络都获得更快的成长。

我们通过讨论供应链的最优化 (SCO)，发现了提升供应链上各家企业效益的方法，回过头来说什么是供应链所谓供应链是指产品生产和流通过程中所涉及的原材料供应商：生产商、批发商、零售商以及最终消费者组成的供需网络。即由物料获取、物料加工、制成商品并送到最终客户手中这一过程所涉及的企业和企业部门组成的一个网络。它既可以是企业内部供应链，又可以是企业外部供应链。

内部供应链是指企业内部的产品生产和流通过程中所涉及的采购部门、生产部门、仓储部门、销售部门等组成的供需网络。而外部供应链则是指企业外部与企业相关的产品生产和流通过程中涉及的原材料供应商、生产厂商、储运商、批发商、零售商以及最终消费者组成的供需网络。内部供应链和外部供应链共同组成企业产品从原材料到消费者的供应网络，也可以把企业内部供应链称之为外部供应链的子链或其中供应链的一段。

什么是供应链管理？供应链管理是企业与企业贸易伙伴追求共同经济利益最大化的企业管理方式及手段。美国 CSC 咨询公司的合伙人，查尔斯 · C. 波利，对供应链各管理的描述为：供应链管理 (SCM) 指的是那些能够不断改进整个组织流程——包括产品设计、服务设计、销售预测、原材料采购、库存管理、生产制造、物流管理、客户管理，其中的那些管理方法、管理方式和管理系统。其管理的主要内容包括从供应商到客户和消费者之间的产品、服务和信息的最优化创建和配送。它是在细分的市场之内提高企业竞争力的一种手段。

我国专家在引进供应链管理理念以后，把供应链管理结合我国的经济社会背景进行了新的定义。供应链管理不同于我国改革开放以前的社会分工和计划管理，而是一种在现代科学技术支持下的现代化企业管理理念。它是在社会产品相当丰富、社会分工十分详细、商品流通极其发达和信息环境及其通畅的大社会背景下的工业管理认同。供应链管理涉及行业管理、企业管理、生产管理、物流管理、财务管理和信息管理等方方面面。我国有关供应链管理的定义为，在人们认识和掌握供应链的各环节内在规律和相互联系的基础上，应用企业管理的计划、组织、协调、监控和激励等职能，对产品生产和流通过程中的各个环节所涉及的物质流、资金流、信息流、业务流进行的优化管理和调控，以期获得通过最佳组合、以最小的经营成本和最大的经济效益为客户提供最优质的服务。

那么什么是供应链管理目标？供应链管理也可称为供应链的最优化管理。其主要目标是通过降低整体成本，并提高生产和服务质量的方式来改进生产、物流和分销活动，乃至整个供应链的表现水平，从而达到增加企业盈利水平的目的。供应链管理的核心思想应为以客户为中心，以共享利益和共担风险为贸易伙伴合作原则，应用电子商务技术(Web技术、EDI 技术、Barcode 技术、POS 技术、GPS 技术) 实现企业的管理经营的获利目标。供应链管理的具体目标如下：

· 根据市场需求的扩大，提供完整的产品组合；

· 根据市场需求的多样化，缩短从生产到消费的周期；

· 根据市场需求的不确定性，缩短供给市场与消费市场的距离；

· 通过供应链中的各项资源运作效率的提升，降低物流成本，赋予经营者更大的能力来适应市场的变化并及时做出反应，从而做到物尽其用、货畅其流。

二、供应链管理内容

供应链最优化管理的研究内容之一就是如何决定生产、储存等设施的具体位置，这些决定将在相当长的时间内影响供应链管理的成效。例如，如果你经营一个零售超市，那么你先应考虑如何更快、更多地与顾客互动。理所当然，最好把你的零售超市开在车水马龙的人口稠密区。如果你经营的是一个大规模的机械制造业的企业，那么你也许更倾向于把工厂和仓库建立在远离大城市而接近原材料产地和获取能源方便的区域。再举个例子，如果你经营一个电厂或煤制气公司，那么你会千方百计地关注工厂和各级泵站的建设的地理位置。于是，供应链管理的设计涉及生产能力、制造和库存管理等诸多因素。生产能力过剩，将导致企业产品积压、设备闲置等降低企业效益的负面效应。但从另一个角度来看，充足的生产能力可以增强企业应对市场需求变化的能力。所以，例如，像家用电器、啤酒饮料等一些市场波动影响较大的行业，总有意预留一些相对过剩的生产能力，以应付市场需求的高峰。同时，企业供应链的管理者也需要就公司内部的基本的制造流程和库存管理模式提出总体规划。

供应链的最优化管理还要求企业必须得到企业外部经营伙伴的支持，即要求外部经营伙伴也必须对该企业的供应链管理具有一定的理解。当企业发现自己经营的供应链管理产生巨大价值时，便会很自然地将利润与整个供应链的其他伙伴共享。只有与经营伙伴的共同进步、共同营利，企业才能取得进一步的发展。供应链是生产社会化和信息化的现代产物，是以新的生产组成方式、新的商品流通方式和新的商品营销方式存在。它突出了市场的组织与分工优势、经营的规模与灵活优势等新的现代社会特征。电子商务将供应链上的各个参与方连接为一个整体，实现供应链的信息化管理。电子商务与供应链管理构成密不可分和相辅相成的互补的企业竞争手段。

因此供应链管理内容与传统的库存或运输管理有着很大的不同。一是各企业将供应链管理看成一个整体，而不是将供应链管理看成是由采购、制造批发和零售等部门构成的一些分割的功能块。二是要求企业坚持“供应”是整个供应链上各个部门的共同目标和观念，这对整个供应链上的运营成本及供应链的市场份额有着重大的影响。三是供应链管理理论对库存管理有着不同的解释。不一定是零库存，也不一定是满库存，都依供应链系统的需求而定，库存是平衡整个供应链性能表现的一个手段。四是供应链管理要求采用系统的、集成化的管理方法来统筹整个供应链的各个功能，为了确保整个供应链的整体目标，高层管理采取一些办法消除供应链内各个企业、各个环节、各个部门之间的目标冲突是十分重要的。

供应链管理的实现是把供应商、生产厂家、分销商、零售商等在一条链上的所有环节都联系在一起进行优化，使生产资料以最快的速度，通过生产和分销环节变成增值的商品，并送达有消费需求的消费者手中。这样可使社会资源达到优化配置、减少社会库存和降低社会成本；更重要的是通过信息平台和组织网络实现了生产及销售的有效连接和物流、信息流、资金流的合理流动。

供应链管理包括采购计划、生产计划、库存计划和运输计划等，涵盖从几周到几个月的供应链管理决策。其目标是要在既定的供应链构架下，合理安排物流，从而使供应链为企业提供最大效益。供应链计划是以市场预测为基础，并考虑实际运作中的不确定性，为企业的中期决策提供依据。生产计划基于企业生产能力，决定既定生产设施间的具体物流。库存计划决定原料、半成品和成品库存的数量位置和策略。运输计划决定着现有企业设施以及供应商、客户之间原料、成品的运输途径、方式、数量等参量。供应链管理的实施是指企业日常的供应链决策，如原材料供应管理、生产时序与计划管理、运输车队运输计划与库存实施控制管理等。企业对每一张订单、每一项任务进行操作，在供应链最优化管理的战略和计划的基础上，最短时间内对供应链上出现的事件做出最快反应，以保证整体供应链的高效畅通。

三、供应链管理的信息特征

供应链管理 (SCM) 是目前国际上最引人注目的企业管理新思想之一，它融合了当今现代管理的新思想、新技术，是一种系统化、集成化、敏捷化的先进管理模式。供应链管理最主要的思想是系统理论。供应链注重围绕核心企业的网络关系，如核心企业与供应商、供应商的供应商乃至于一切前向的关系，与用户、用户的用户及一切后向的关系。它不仅是一条连接供应商到用户的物料链、信息链、资金链，而且是一条增值链。物料在供应链上因加工、运输等过程增加价值。供应链作为一种产品生产模式，它的提出是为了方便对多重供需关系的管理，即供应链管理。供应链管理是使物流在供应链上合理流动、优化配置，从而缩短产品生产周期，降低产品生产成本，促进供应商、分销商、制造商间的合作以及对市场的把握。

那么供应链管理的信息特征如下：

（一）综合性特点

从其覆盖的领域上看，它涉及整个产业链的采购、生产、储存、物流和信息技术等领域的管理；从管理的范围看，它不仅涉及自身企业，而且包括供应链上的其他各个相关企业；从管理的方式方法上看，它兼容传统的管理方法和通过供应链网络进行的过程管理和虚拟管理。

（二）新颖性特点

供应链管理体现了新经济的特征，它是以信息技术为其管理的出发点和立足点。电子商务活动本身就是信息高度发达的产物，对信息活动的管理是一项全新的内容，也是对传统管理的挑战和更新，我国对 Internet 相关管理手段、制度和方法均处于探索阶段。另外，如何进行在线管理，都需要供应链上各个企业的共同努力。

（三）智能性特点

供应链管理的实物位移自动化、预警与反应速度程度高，供应链过程处于实时监控之中。供应链管理的重点是这些自动化、智能化的设计创造过程，一个智能化的供应链管理系统可以模拟现实，可以发出指令、实施决策，根据供应链过程的特点采用对应管理手段，真正实现电子商务供应链管理的柔性化和智能化。

（四）信息化特点

当今市场在急剧变化，企业要想在激烈竞争的环境中取得持续发展，最主要的是要掌握用户需求的变化和在竞争中知己知彼。信息技术的应用是推进供应链系统中信息共享的关键，改进整个供应链的信息精度、及时性和流动速度，被认为是提高供应链绩效的必要措施。因此，企业管理战略的一个重要内容就是制定供应链运作的信息支持平台，如集成条形码、数据库、电子订货系统、射频识别、电子数据交换、全球定位系统等信息交换技术和网络技术为一体，构建企业的供应链信息集成系统。

（五）网络化特点

以前企业为了追求资源的整合，往往借助于“纵向一体化”来实现高度的控制，但是纵向一体化却因为管理组织臃肿、业务领域过于庞杂，造成风险增强、管理成本上升，所以从20世纪80年代后期开始，“横向一体化”的供应链思想开始兴起，即利用企业外部资源快速响应市场需求，本企业只抓最核心的东西——产品方向和市场。至于生产，只抓关键零部件的制造，甚至全部委托其他企业加工。“横向一体化”形成了一条从供应商到制造商再到分销商的贯穿所有企业的“链”。因此，供应链管理必须利用现代信息技术，改造和集成业务流程、与供应商和客户建立协同的业务伙伴联盟、实施电子商务，才能提高企业的竞争力，使企业在复杂的市场环境中立于不败之地。

（六）虚拟化特点

全球性市场竞争的加剧，单个企业已经难以依靠自己的资源进行自我调整，在20世纪末，美国提出了以虚拟企业或动态联盟为基础的敏捷制造模式。敏捷制造面对的是全球化激烈竞争的买方市场，采用可以快速重构的生产单元构成的扁平组织结构，以充分自治的、分布式的协同工作代替金字塔式的多层管理结构，注重发挥人的创造性，变企业之间的生死竞争关系为“共赢”关系，强调信息的开放和共享、集成虚拟企业，而电子商务的兴起为实现敏捷制造创造了条件。

（七）物流系统专业化特点

在此前的企业经营管理中，物流作为商务活动的辅助职能而存在，其本身并不构成企业管理的重要领域，其业务管理也往往是分散进行，没有总体统一的协调和控制。在电子商务时代，物流上升为企业经营中的重要一环，其经营绩效直接决定着整体交易的完成和服务的水准，尤其是物流信息对于企业及时掌握市场需求和商品的流动具有举足轻重的作用，因此，物流活动必须综合起来进行系统化管理。在这种要求下，人们利用系统科学的思想和方法建立物流系统，包括社会物流系统和企业物流系统，从而使得物流活动能够全方位、全过程、纵深化地得到管理和协调。

因此供应链管理设计应遵循下述原则。

1. 系统效益原则

系统效益原则也称整体效益原则，这是管理原理的基本思想。供应链管理也不例外，它不仅要求供应链活动本身效益最大化，而且要求与供应链相关的系统整体效益最大化，包括当前与长远效益、财务与经济效益、经济与社会效益以及经济与生态效益等。因此，供应链管理人员和部门要确立可持续发展的观念，处理好内部供应链与外部供应链、有限资源与节能减排，走集约经营和循环经济发展道路。

2. 标准化原则

供应链管理按其重复性可分为两大类：一类为重复发生的常规性生产活动，物料的移动和存储、物料配送的路线和搬运装卸等。另一类为一次性或偶然性的生产活动，如客户需求的随时变化以及运输时间的不确定性等。供应链管理的标准化要求常规活动按标准化原则实施管理，实现自动化和智能化，以提高效率、降低成本。随着物流技术的不断更新

(如人工智能模拟、MRP)。电子商务物流信息技术的广泛应用 (如 GIS、GPS、EDI 等)，使随机性活动已可逐步标准化。

3. 柔性化原则

供应链的柔性化原则实质上是指供应链运行过程中的灵活性原则。随着“多品种、小批量”的客户需求变化，越来越瞬息万变。供应量管理就是利用先进的信息技术、通信技术和供应链管理信息系统来实现供应链的快速反应能力。

4. 全程服务原则

全程服务原则是指在供应链管理的全过程中，努力促使各企业员工牢固树立服务观念，切实恪守职业道德，严格执行服务标准；通过文明、高效、优质的服务，加强分工体系的协同效应，塑造该供应链企业的整体形象，以确保企业经济效益和社会效益的同步提高。

互联网就像是一个交易平台，由于新技术的应用，整个供应链的信息共享程度和信息的透明度都得到了提高，从而也提高了整个供应链的效率和效果。显而易见，将供应链整合到一起是可以增加利润的，那么，这也将会对价值链起到一定的影响。许多研究人员都在探讨电子商务究竟是如何影响物流、影响供应链的，它可能使一些媒介 (如批发商和零售商) 消失，但它也推动着新角色的出现。例如，物流运营商，它的作用是调整传统的供应链结构使其适应电子商务的需要。许多公司在努力地使他们的雇员适应电子商务的同时，也都在研究如何进行企业内部管理过程的调整和如何在互联网平台上建筑供应链管理信息系统。

四、传统供应链与现代供应链比较

传统的供应链管理仅仅是一个横向的集成，通过通信介质将预先指定的供应商、制造商、分销商、零售商和客户依次联系起来。这种供应链侧重于内部联系，灵活性差，仅限于点到点的集成 (如图 2-1 所示)。

图 2-1 传统供应链管理拓扑结构图

传统的供应链成本高、效率低，而且供应链的一个环节断了，将造成整个供应链运行瘫痪。对于绝大多数没有使用 Internet 的传统企业，其内部的业务流程和信息传递方式无法对市场需求的变化做出快速响应，常造成库存积压 (或积压在供应商处，或积压在制造商处)，增加成本；此外，由于不能及时供货而降低客户的满意度，物流从上游供应商到下游、最终到客户的速度缓慢且效率低下。

传统供应链管理中存在的一些问题，传统供应链管理的横向集成特性难以适应经济全球化、市场竞争日趋激烈的新形势，严重制约了我国企业的市场，表现在以下几方面：

过分强调自供自产自销的一体化供应链模式。表面上看来“企业无事不能”“肥水不流外人田”，而实质上严重影响了企业核心业务的开发，挫伤了企业的市场竞争力。许多相关实体如供应商、分销商等分离在外，注意力局限于企业内部的操作层上，注重企业自身的资源利用，关注物流，而忽视了资本流、信息流和工作流；缺乏企业与外部的合作伙伴关系，产、供、销各自为政，造成产品库存积压、资金浪费和企业间的目标冲突。因此，传统的供应链管理只注重内部联系，灵活性差、效率低，而且供应链的一个环节中断了，则整个供应链都不能运行。

强调竞争而忽略合作。供应连接点间的关系被视为交易伙伴而不是合作伙伴，致使双方频繁地讨价还价、拖欠货款、缺乏诚心，导致竞争大于合作；而不同供应链之间的竞争则更为激烈，价格之战、亏损经营，其结果常常导致两败俱伤。

缺乏服务平台和电子交易手段，缺乏市场响应机制。由于没有统一、规范的信息服务平台和安全、可靠的电子交易平台，没有建立对用户不确定性需求的跟踪管理系统，不能及时回应顾客的需求，造成顾客满意度下降，企业信息丢失，形象受损，致使供应链中的所有成员不能协调一致、信息得不到共享和快速传递，因此供应链运作效率低下。

重下游轻上游现象严重。由于观念上的原因，只重视下游的顾客，尊下游顾客为上帝，这固然没错;然而忽视上游的原材料供应商，以为“供应商有求于我”，致使双方缺乏信任。

供求信息不准，长鞭效应严重。由于客户信息不准，单方毁约情况较多，再加上供应链信息传递扭曲，长鞭效应严重，制造商难以根据订单进行生产，只好根据预测进行生产、安排库存，因而增加了库存成本，削弱了企业的竞争力。

管理信息系统不健全。企业与企业之间缺乏联系，信息不能共享，造成信息重复、滞后或失真。

现代供应链管理是一场由信息技术手段飞速发展而引发的商品运作模式的革命，它改变了传统经济活动的生存基础、运作方式和管理机制，因而对供应链发展产生了深远的影响。电子商务环境下的供应链是以中心制造厂商为核心，将上游供应商、下游经销商(客户)、物流运输商及服务商、零售商以及往来银行进行垂直一体化的整合，构成一个电子商务供应链网络，消除了整个供应链网络上不必要的运作和消耗，促进了供应链向动态的、虚拟的、全球网络化的方向发展。电子商务对供应链管理的影响表现在以下几方面：

对供应链角色的影响。电子商务的应用加强了各个供应链角色的一体化倾向，特别是加强了生产商的前向一体化倾向。这种一体化行为能够提高供应链的效率，消除了供应链上不必要的中间环节。电子商务是在由计算机和通信构成的网络系统中实现的。通过Internet生产商可以不经由分销商或零售商直接将产品卖给消费者，消除了一些不必要的中间环节组织，从而节约了运输和销售等费用。利用Internet进行零部件和产品的订货和发货能够合理安排库存，提高信息的及时性和准确性，从而降低库存和营业费用。在企业内部，电子商务的应用，也可省略许多不必要的环节，提高工作效率。

使企业的组织边界趋于模糊化。随着电子商务的发展，组织之间的信息流和资金流更加频繁，组织之间的相互联系也由单一渠道转变为多渠道进行，如供应商的销售部门不仅要与生产商的采购部门进行交流，而且还需要与生产商的设计部门、甚至销售部门进行合作，共同设计客户满意的产品和服务。随着供应链中组织间合作程度的日益加深，组织之间不断融合，组织边界越来越模糊，最终整个价值链重新整合，形成一个虚拟的大企业。

使企业的销售模式由生产者推动型转变为消费者拉动型。在电子商务时代，消费者可以对所需要的商品提出个性化、差异化的设计要求，生产商和相应供应商组成的虚拟联合体会依据消费者的要求，共同完善产品的设计，然后组织生产，以最大限度地满足消费者的需求；实时的网上新产品信息发布机制，有可以以更低廉的方式吸引顾客，提高消费效率。此时，销售模式由生产者推动型转变为消费者拉动型。

实现经营的网络化。一是交易物流系统的网络化，物流配送中心与供应商、制造商通过网络实现连接，上下游企业之间的业务往来也要通过网络来实现；二是组织的网络化，电子商务是组合整个供应链的，大部分专业性业务活动交给外部企业运作，内部管理层次和人员减少，经营趋于柔性化。电子商务借助电子信息网络将各种不同的技术、技能有机集成，提高了业务经营绩效。由于同一个业务流程是由不同专长的企业共同实现的，信息和计划在这些企业中实现了共享，虚拟化组织的特点开始显现。

网络企业的大量涌现。随着信息技术和通信技术的日益完善、成本的逐渐降低，电子商务活动日益频繁，效益也日渐增长，涌现了一大批从事电子商务活动的网络企业。商品不再依赖传统的物流渠道，而是直接在网上实现交易。网络企业的产生为电子商务提供了交易平台、技术支持和物流服务，改善供应链中的信息交流，节省了一些不必要的物流，有效提高供应链管理的效率。

电子商务供应链管理与传统供应链管理的主要区别反映在如下几点（如表 2-1 所示）：

表 2–1 电子商务供应链管理与传统供应链管理的比较

	传统供应链	电子商务供应链
承运类型	散装	包裹、单元产品
顾客类型	既定	未知
物流运作模式	推式	拉式
库存、订单流	单向	双向
物流目的地	集中	高度分散
供应链管理要求	稳定、一致	及时、质量及整体成本最优
供应链管理责任	单一环节	整个供应链

物流和承运的类型不同。在传统的供应链形式下，物流是对不同地理位置的顾客进行基于传统形式的大批量运作或批量式的空间移动，货物的追踪是完全通过集装箱、托盘或其他包装单元来进行的，供应链各个环节之间的可见性是有限的。在电子商务供应链管理模式下，由于借助各种信息技术和互联网，使得客户在任一给定时间都可以沿着供应链追

踪货物的下落。

顾客的类型不同。在传统供应链管理模式下，企业服务的对象是既定的，供应链服务提供商能够明确掌握顾客的类型以及其所要求的服务和产品。随着电子商务的到来，供应链运作发生了根本性的变化，要求快捷、高速、划分细致的物流和商流方式，顾客是一个未知的实体，他们根据自己的愿望、季节需求、价格以及便利性，以个人形式进行产品订购。

供应链运作模式不同。传统供应链是一种典型的推式经营，制造商将产品生产出来之后，为了克服商品转移空间和时间上的障碍，利用物流将商品送达到市场或顾客，商流和物流都是推动式的，物流只是起到支持的作用，本身并不创造价值。在电子商务供应链中，商品生产、分销以及仓储、配送等活动都是根据顾客的订单进行，商流、物流、资金流都是围绕市场展开的，物流为商流提供了有力保障，因此电子商务供应链是拉式的。因其活动本身构成了客户服务的组成部分，它同时也创造了价值。

库存、订单流不同。在传统供应链运作模式下，库存和订单流是单向的，买卖双方没有互动和沟通的过程。在电子商务供应链条件下，客户可以定制订单和库存，其流程是双向互动的，作为客户可以定制和监控甚至修改其库存和订单，而作为制造商、分销商同样也可以随时根据顾客的需要及时地调整库存和订单，以使供应链运作实现绩效最大化。

物流的目的地不一样。在传统供应链中，由于不能及时掌握商品流动过程中的信息，尤其是分散化顾客的信息，加上个性化服务能力不足，物流只能实现集中批量化的运输和无差异性服务，运输的目的地是集中的。而电子商务供应链完全是根据个性化顾客的要求来组织商品的流动，这种物流不仅要通过集运来实现运输成本的最低化，同时也需要借助差异化的配送来实现优质服务，其目的地是分散化的。

供应链管理的要求不一致。传统供应链管理强调的是物流过程的稳定、一致，否则物流活动就会出现混乱，任何物流运作过程中出现的波动和变异都有可能造成上下游企业的巨大损失。电子商务供应链管理却不同，由于其物流需求本身就是差异化的，物流是建立在高度信息管理基础上的增值活动，因此，物流必定会出现高度的季节性和不连续性，要求企业在管理物流活动中必须按照及时应对、高质服务以及总体成本最优的原则来进行。

供应链管理的责任不同。在传统供应链运作环境下，企业只是对其所承担的环节负责，诸如运输企业只管有效运输和相应的成本等，供应链各个运作环节之间往往没有明确的责任人，供应链经营活动是分散的，其结果往往出现局部最优而整体绩效很差的情况。但电子商务供应链强调供应链管理是一种流程性管理，它要求企业站在整个供应链的角度来实施商品物流过程以及相应的成本管理。

总之，电子商务供应链管理弥补了传统供应链管理的不足，它不再局限于企业内部，而是延伸到供应商和客户，甚至供应商的供应商和客户的客户，建立的是一种跨企业的协作，覆盖了从产品设计、需求预测、外协和外购、制造、分销、储运和客户服务等全过程。

五、电子商务环境下的供应链管理

传统的供应链管理难以适应当代全球竞争的新形势，主要表现为：①供应链不完全，许多相关实体如供应商、分销商等分离在外，不予正视，往往局限于注重企业内部的操作层上，注重企业自身的资源利用，关注物流，忽视资本流、信息流和工作流；缺乏合作伙伴关系，产、供、销各自为政，造成产品库存积压、资金浪费和企业之间的目标冲突。②缺乏市场响应机制，对用户没有建立不确定性需求跟踪管理系统，不能及时回应顾客的需求，造成顾客不满意和企业信息丢失，形象受损。③管理信息系统不健全，企业与企业之间缺乏联系，不能信息共享，造成市场信息价值浪费。

利用电子商务构建新型的企业管理模式供应链管理，可以极大地提高企业管理水平，电子商务以一种最大化网络方式将顾客、销售商、生产商、供应商和雇员联系在一起，使供需双方在最适当的时机得到最适用的市场信息，因而极大地促进供需双方的经济活动，降低交易费用和经营成本。

电子商务的出现和发展是经济全球化与网络技术创新的结果。它彻底地改变了原有的物流、信息流、资金流的交互方式和实现手段，能够充分利用资源、提高效率、降低成本、提高服务质量。在迅猛发展的电子商务时代，供应链管理的核心任务可归纳为：动态联盟的系统化管理，生产两端的资源优化管理、不确定性需求的信息共享管理以及生产的敏捷化管理。因此在这种要求下，供应链的管理必然要适应电子商务的特点，开发出集成化的供应链管理模式。

综上所述，供应链与电子商务的生产型交易中将电子商务看作是从生产商到最终用户的价值增值过程，要求在产品或服务向最终客户提交之前的每一环节都实现客户价值的增加的概念是一致的，可以说后者是在一个更新的，也是更有效的技术平台网络上构建的供应链。事实上，实现电子商务的价值增值过程就是一个供应链管理过程，在电子商务应用当中存在着两种不同的供应链管理模式。

（1）价值链驱动模式 (Value Chain Initiative)。价值链 (Value Chain) 概念是 1985 年 Michael E．Porter 在《竞争优势》中提出的。为理解成本行为与现有的和潜在的歧异性的来源，价值链将一个企业分解为战略相关的基本价值活动和辅助价值活动。1995 年，Jefferu．E Rayport 和 John J.Sviokla 提出了虚拟价值链的观点。他们认为现今的企业都在两个世界中竞争，即管理者可感知的物质世界及由信息构成的虚拟世界。两条价值链的经济原理、管理、价值增值的过程都不同。因特网的出现，使实物价值链与虚拟价值链得以并行，实物价值链上的每个环节都可与虚拟价值链相结合，而电子商务的出现，使得两条价值链的边界变得更为模糊。价值链驱动 (VCI) 的最终目标是向世界各地任何规模的交易伙伴实时传递相关的动态数据流，以此来影响供应链的电子商务市场。一个 VCI 的固化软件程序可以实时地与其他的软件程序传递数据，进行交流。例如，当某个用户发出的订单自动地传送到仓库管理系统时，系统不仅将记录放入仓库管理后台数据库中，还将同时触发一个物流配送系统进行运输，如果仓储低于库存下限，则同时会触发制造系统，发送生产产品的指令。

（2）合作、预测与供给(CFAR)模式。合作、预测与供给(Collaborative For ecastingand Replenishment，CFAR)模式是由国际著名的商业零售连锁店 Wal Mart 及其供应商 Warner Lambert 等五家公司联合成立的零售供应链工作组(Retail Supply and Demand Chain Working Group)合作研究和探索的，它用一系列的处理和技术模型，提供覆盖整个供应链的合作过程，通过共同管理业务过程和共享信息，改善零售和供应商的伙伴关系，以达到显著改善预测准确度，降低成本、库存总量和现货百分比，发挥出供应链的全部功效的目的。

合作、预测与供给模式。具有以下三条指导性原则：一是合作伙伴框架结构和运用过程以消费者为中心，面向供应链进行运作。二是合作伙伴共同开发单一、共享的消费者需求预测系统，该系统驱动整个供应链计划。三是合作伙伴均承诺共享预测并在消除供应过程约束方面共担风险。

CFAR 模式是一个更为具体的基于电子商务的集成供应链管理模式，它的实施能够使供应商加强对存货的管理以及不断地修补对企业整体的预测。通过 CFAR，各方利用网络的方式来交换一系列的书面协议、促销计划以及预测，这使参与方通过关注预测数据的不同来协调整体的预测，因此各方通过寻找差异的原因并提出整体改进的预测数据。根据美国商业部资料表明，1997 年美国零售商品供应链中的库存约为 1 万亿美元，如果通过全面成功实施 CFAR，可以减少这些库存中的 15% ~ 25%，即 1500 亿 ~ 2500 亿美元。

我国在电子商务环境下的供应链管理还处于一种成长阶段，而电子商务环境所要求的基础设施、技术条件、人文条件等还很不成熟，在二者的结合上企业仍有很长的一段路要走，当务之急是要处理和解决好以下几个问题：

企业的观念问题。在我国，企业的“大而全”“小而全”现象还十分突出，没有形成独具特色的强竞争力的核心业务，传统计划经济下的管理思维方式仍占据主要地位。企业内部组织机构虽然齐全，但受到职能分派的制约，各自为政，实行垂直型的管理。这不仅严重地影响企业信息传递效率，而且无法解决“透明度”的问题。随着我国企业与世界的接轨和面临国际市场的挑战，传统的管理模式在国际上必然会受到严重的冲击。而供应链管理对企业最基本的要求就是核心业务与信息效率，这并不是仅仅依靠企业电子商务的实行就可以解决的，不从企业观念的根本问题上改革是达不到治本目的。

贸易伙伴之间的协作问题。电子商务为供应链管理提供了一个可以更好发挥的环境，前面我们就提到 Wal-Mart 公司与自己的几个供货商合作一道实施 CFAR 模式节约了大量的成本，提高了效率。而我国企业欠缺的正是如何协调贸易伙伴间的协作以达到供应链整体利益的最大化。

贸易伙伴之间不愿意共享信息，这与我国的企业所处的文化氛围有关，传统观点认为任何协议都会分出一个胜者和一个负者，但博弈论的研究结果表明，非零和博弈比这种零和博弈更能使企业获得收益。除此之外，缺乏一个良好的供应链绩效评估系统也是贸易伙伴之间协作的障碍。没有合理的绩效分配，企业自然不愿牺牲自己的利益去换取整个供应链的最大利益。因此，良好的供应链协调战略势在必行。

知识获取与转换技术上的要求。由于电子商务的出现，使原来的生产商依靠4P(Product、Price、Place、Promotion) 让消费者被动地接受产品变为以消费者为中心将消费需求送达生产者，由生产者以保证 4C(Consumer、Cost、Convenience、Communication) 来取得优势地位。因此这时供应链管理的关键就在于如何从消费者不确定的需求信息中获得知识并保证其在供应链中的共享来创造价值。这就要求供应链上的企业在技术上保证需求信息的收集、共享并通过知识转换器转换为提高供应链效率的知识。但我国企业总体来说在这些关键设施、关键研究上的投入力度不够，无法做到知识的实时获取与有效利用，这势必会成为其他实施电子商务环境下的供应链管理的一大障碍。

供应链管理与电子商务都是一个从生产商到最终用户的价值增值过程，电子商务是在一个更新的、更有效的技术平台 (网络) 上构建的供应链，实现电子商务的价值增值过程就是一个供应链管理过程。供应链管理 (Supply Chain Management，SCM) 是一种集成的管理思想和方法，它融合了当今现代管理的新思想、新技术，是一种系统化、集成化、敏捷化的先进管理模式，是对供应链中的物流、信息流、资金流、增值流、业务流及贸易伙伴关系等进行的计划、组织、协调和控制一体化的管理过程。供应链管理最主要思想是系统理论。供应链注重围绕核心企业的网络关系，它不仅是一条连接供应商到用户的物料链、信息链、资金链，而且是一条增值链。供应链管理使物流在供应链上合理流动、优化配置，从而缩短产品生产周期，降低产品生产成本，促进供应商、分销商、制造商间的合作以及对市场的把握。

但是，由于电子商务在我国还未得到普及，相关的政策法规还不够完善，仍面临着网络系统安全、数据安全等技术问题，还有许多问题需要深入地讨论和研究。随着政府对信息产业的重视以及人民生活水平的提高，电子商务必将成为企业之间以及企业与消费者之间信息交流的桥梁而基于电子商务的供应链管理的全新贸易方式，必将成为推动未来经济增长的关键动力。

电子商务 (Electronic Commerce，EC) 的概念在 1994 年被提出来以后，直到 20 世纪末，互联网的飞速发展使它得到了广泛的应用并显示着广阔的发展前景。电子商务的内容包含两个方面：一是电子方式，二是商贸活动。电子商务可以通过多种电子通信方式来完成，如通过打电话或发传真的方式来与客户进行商贸活动等。随着 Internet 技术的日益成熟，电子商务真正的发展将是建立在Internet技术上的，所以也有人称之为网络商务 (Internet Commerce，IC)。从贸易活动的角度分析，电子商务可以在多个环节实现，由此也可以将电子商务分为两个层次，较低层次的电子商务如电子商情、电子贸易、电子合同等；完整的高级形式的电子商务应该是利用Internet进行全部的贸易活动，即在网上将信息流、商流、资金流和部分的物流进行完整的实现。

综上所述，利用电子商务构建新型的企业管理模式——电子商务供应链管理，可以最大化地以网络方式将顾客、销售商、生产商、供应商和雇员联系在一起，极大地提高企业管理水平，使供需双方在最适当的时机得到最适用的市场信息，大大减少商品流通的中间环节，极大地促进供需双方的经济活动，加速整个社会的商品流通，有效地降低企业的生产成本，提高企业的工作效率和经济效益，增强企业的竞争力。

第三章　电子商务的理论研究

第一节　电子商务发展及优化

当前我国电子商务发展迅速，在很大程度上促进了中国经济腾飞。从我国电子商务发展的现状出发，针对电子商务物流配送体系不完善、电子商务相关立法系统尚未完善、电子商务人才管理水平不高等问题，提出相应的解决方案，以促进我国电商企业进一步发展。

2018 年是中国电子商务发展迅速的一年，这一年许多企业在电子商务方面完成了自身业态链的整合，而在技术方面，由于 5G 时代的到来，使得虚拟与现实的结合使用在未来将成为可能，中国的各大电商企业开始走出国门与国际电商企业在国际电商舞台上一决高下。电子支付、网上金融、网上银行等越来越多的新消费方式在慢慢崛起。新电商企业利用电商自身低成本、高效率的优势实行新商业模式创新。电子商务已经成为我国经济发展的重要组成部分，对我国经济发展的方式及产业结构优化起到了重要作用。

一、我国电子商务发展的现状

（一）我国电子商务的规模不断扩大

中国电子商务的发展主要分三个阶段。第一阶段，随着电脑芯片的集成化，使得电脑开始走进千家万户，上网成为当时人们的重要娱乐方式。该阶段网民增长迅速，中国也迎来互联网时代，且涌现出以门户网站和搜索引擎为代表的电商企业，如新浪和百度等。第二阶段是 3G、4G、5G 时代的到来，使得网络购物成为可能。该阶段，许许多多的电商平台涌现出来，比如京东、阿里巴巴等一系列企业。而该时期由于网上购物的带动，也诞生了一系列电子支付、网上金融等和网购相关的企业的相关性企业，如支付宝、网上银行等。第三阶段，主要是 2014 年以后到现在这个时候，我国的电子商务又迎来新一轮的发展，2014 年进入电商企业的上市年，在这一年中有 10 家企业上市，占电商上市企业的 40%，最具有代表性的是阿里巴巴在美国上市。随着我国电子商务规模的不断扩大，电子商务在我国经济组成体系之中的地位变得更为重要。

（二）我国电子商务的特点

我国电子商务发展正处于一个平稳发展期并逐渐呈现出多元化状态。由于电子商务自身的特殊性，在电子商务发展方面，不同区域的电子商务发展水平很不均衡。从前 100 名电商企业的分布来看，北京拥有 40 家，上海拥有 20 家，占前 100 名电商企业的 60%，而剩下的企业主要集中在浙江、广东、江苏等沿海发达地区，而西北的一些省份没有上榜的企业，呈现出经济发达地区与经济不发达地区的失衡。从电商的发展分布来看，存在城市和农村电商的失衡。在城市很多地方电商的发展程度极高，在一些小摊小贩上都会通过微信、支付宝来进行买卖交易，而农村的交易买卖方式主要依靠的是现金等传统的交易模式。我国电商还呈现电子商业模式创新的多样化，我国电商模式主要集中在以企业为核心的 B2B 模式或者以消费者为核心的 B2C 模式，而近几年电商模式开始转向定制或者服务模式，开始转向以消费者为核心的一种新的电商模式，如以服务送餐为主导的美团模式，通过团购低价使得消费者对厂家进行反向定制。

二、我国电子商务发展存在的问题

（一）电子商务物流配送体系不完善

一个电商企业物流的快慢对于电商企业的发展起到至关重要的作用。电商企业对于物流会有两种选择：第一种是建立起自己的物流系统，如京东；第二种是由第三方或者第四方建立起自己的物流而自己并不建立物流系统，如淘宝就依靠顺丰等物流公司而自身却没有物流体系。这两种物流都存在一定问题，自建物流成本过高，往往最后企业会被资金拖垮，第三方物流或者第四方物流又存在监管数据等一些问题，所以一个电商公司，如果想要发展，一定需要一个健全的社会物流体系的全力支持。虽然历经了近几年快速发展，中国在电子商务的物流方面有了一定成效，但就总体而言，仍然存在很多不足之处。这主要体现在三个方面：一是电商企业对于物流不够重视，电子商务刚开始时，物流配送体系并不完善，导致电商包裹出现很多问题，消费者投诉增加，对于该问题，电子商务公司重视不够，认为是物流公司的责任，往往采用推卸责任的方式处理，使得消费者在售后维权时找不到责任方，影响消费者的消费体验，使公司品牌形象受损。二是我国现在所拥有的物流配送地区间发展不平衡，物流公司在物流点上往往选择在一些大型城市之中，造成城市网点过多，而一些农村地方却缺少相对应的物流点。物流配送地区间发展不平衡，使得物流公司本身花费的成本也在变高，配送效率减少，不仅使得物流企业获得的利润减少，还使得消费者体验感下降。三是物流人工智能化系统发展的程度落后，对于物流管理还用的是以前的陈旧设备，其管理方式并不能达到现在电子商务企业发展的要求。

（二）电子商务相关立法缺乏系统

电子商务企业正处于快速发展时期，2019 年 1 月 1 日我国出台了《中国电子商务法》，这对于电子商务而言意义重大，是电子商务在立法方面取得的历史性重大成就。但在实施时，我们发现存在一定的问题。

通过对电子商务的研究发现，大多数的电商企业在运营时都会发生法律纠纷，而这一类的纠纷主要集中在三个方面：其一，主要是诉不正当垄断竞争，在这一方面主要是一些独角兽公司与政府之间，如滴滴的行政处罚案，这类案子占总数的大多数。其二，主要集中在投融资方面以及电商相关的知识产权。这一方面主要是电商平台在运营过程中对于一些知识产权保护意识缺乏造成的。其三，主要是电商的规范方面，主要集中在电商的行业相关行政许可的认证。由于电子商务交易的特殊性，其在交易过程中会遇到各式各样有关法律的问题。这些问题是传统商业不会碰到或者说碰到概率较小的，比如说消费者维权活动，在电子商务平台上遇到侵权纠纷，对责任人的认定就是一个很大的问题，往往会出现模糊的状态。如在平台上买了东西，但收到的货和网上照片不符，责任人有可能是物流、平台、卖家中任何一方。这使得买家在维权举证方面很难，而这类问题在线下交易中是很难发生的。还有数据的使用以及隐私保护，需要政府建立有效的、合理的管理机构来管理，而现阶段主要依靠消费者保护法机构以及网站自身的维权渠道，这是远远不能满足当今电商发展的。

电子商务的立法还存在不够系统化以及针对性不强的问题。各个地方应当以电商法为前提，针对当地的一些特殊情况建立起当地专门的一些政策法规。立法的缺失，使得电商中还出现了网上隐私得不到保护，群众的个人私密信息被泄露，很多不法组织通过违法的手段从网络上盗取人们的个人信息以此来进行某些不法行为，交易不公平、不透明，虚假交易、虚假支付，网络诈骗等问题，严重影响我国企业、商家和群众对电子商务的信心和信任，也制约了电子商务的发展。

（三）电子商务人才认识不足

电子商务是一门新兴的学科，也是一门交叉的学科。电子商务需要经济学、管理学、市场学等交叉学科的管理人才，还需要大量 IT 技术、人工智能等前沿的科技人才。而电子商务是新型技术没有大量的电商人才储备。现今电商的大多数从业人员都是企业管理人员，缺乏对电商的认知，对于电子商务而言，人才就是企业创新原动力，人才的缺乏会使得我国电子商务企业的发展缺乏创新的动力。

我国电子商务发展对电商人才的不重视主要体现在三个方面：第一，我国电子商务高学历人才储备缺乏。根据智联招聘的数据，从事电子商务本科以下的为 42%，本科学历为 56%，硕士以上的仅占 2%。通过这些数据不难发现，电子商务的从业人员现阶段大多数还处于本科的层次，怎样让高学历、高素质的人才加入到电子商务的团队中来，成为企业用人的重中之重。此外，据智联招聘对电商从业人员工作年限上的调研，在电商企业工作的员工，一年以下的人员占到 21%，1 ~ 3 年的占到 34%，3 ~ 5 年的占到 19%，5 ~ 8 年的占到 14%，8 年以上的仅占 12%。从中可以发现：电子商务工作的人员的工作年限主要集中在 1 ~ 3 年的时间，很少有一个电商员工长时间待在一个公司内。人员的不稳定性，使得电商企业不敢去培养新人，企业的人才储备将面临严峻的考验。

第二，企业管理层对电子商务本身的认知存在缺陷。一些企业管理者认为，所谓的电子商务就是电子商务化，甚至某些企业的高管认为所谓的电子商务就是网上卖东西而已，只是一种营销方式，这明显曲解了电子商务的含义。由此，在管理上不够先进，管理方法也略微传统，往往是按以前管理人事的方法去管理企业，使得企业缺乏本该有的创新能力。不仅如此，企业管理者在实际操作中没有将电商当成一个系统来考虑，往往是以传统企业的发展经营模式来对企业的电商发展进行规划，而缺乏电商自身的特点去创造一个适合电商自身的经营模式，以固守传统的线下模式为核心制订企业战略，这种观点导致企业对电商发展缺乏一定的宏观考虑。比如说由于电商的特殊性，使得电商不是一个能够在短期之内，形成一定经济效益的商业模式，在电商初期需要投入大量的人力、物力。而管理者往往会缺乏长远的眼光，导致电商前期投入的减少，影响电商后期的效益。

第三，在企业电子商务的用人培养方面，虽然现在很多高等院校都创办了电子商务方面的专业，传授电子商务知识，但大部分只停留在理论层面，尚难适应电子商务企业发展对人才技术的需求，缺乏培养技术方面以及管理方面的顶尖人才管理。

三、提升我国电子商务发展的对策

我国电子商务的发展已进入快车道，为了顺应这一变化，企业自身和政府都应该采用积极的方法，解决企业所遇到的各种问题，以此来提升用户对电子商务的满意度。

（一）建立健全电子商务物流配送体系

网络电子商务企业的发展一定是随着不同区域的经济不同发展水平而有所差别，所以不同地区的物流配送体系也应该相应的完善，应该构建与电子商务发展相适应的物流配送体系，以此来解决物流配送中产生的问题。

当前我国物流配送还处于相对落后的水平，为了能更好地服务于消费者，提高配送速度，电商企业应重视物流行业，帮助物流企业加快物流行业基础以及网点建设。在政策层面上，政府应加强对物流市场的整体规划，对整个物流资源进行整合并对物流系统进行有效干预，制定一些适合物流企业的政策法规。近几年，政府对物流的立法工作取得了较大成效，国务院办公厅转发《营造良好市场环境推动交通物流融合发展实施方案》，构建交通物流融合发展新体系。交通运输部等 18 个部门发布《关于进一步鼓励开展多式联运工作的通知》，对物流企业构建的多式联运系物流企业的发展起到了一定的指导作用。

除此之外，物流企业还应该完善物流配送体系，更加健全地服务于人，加强各种层面的物流规划，增加物流企业的覆盖面，加快培育大型物流企业集团的步伐。政府可通过适当地引导与扶持一些有良好品牌、具有国际竞争力的物流企业，创建一套完整的物流法律法规，为壮大物流企业创造良好环境。

（二）完善相关的法律法规

目前，国内关于电子商务的法律法规主要有《电子商务法》《电子签名法》《中国互联网络域名管理办法》《非经营性互联网信息服务备案管理办法》等，但现实执法过程中会出现各个部门都来监管、协调不够的情况，建议由电商管理机构统一管理。

我国可以向其他相关法律法规比较系统全面的国家学习经验，以加强我国的电子商务企业对消费者隐私的责任意识。比如，在制定隐私政策时，我们就可以参考国外的实例。欧盟在网络隐私方面是通过对用户协议的监管，对数据使用权只能由消费者认定，对违法企业开出天价的罚单等方式，在一定程度上保护消费者的隐私权。同时规定数据所有者为消费者。这样可以防止出现问题以后，发生卖家与平台互相推诿的情况。同时还可以采用先进技术手段，比如，以大数据技术以及区块链中追溯的方式来对公民的隐私权进行相关法律问题保护。例如，一些公司会随意使用用户数据，消费者可以通过大数据的方式找到自己隐私的泄露处。这样在对簿公堂的时候，就可以很容易找到责任方，也为以后维权时留下一定的证据。

政府要通过加大打击违法犯罪的力度来保障消费者的权益。例如，客户隐私信息泄露似乎已经变成了一个很常见的现象，现在很多人的手机经常会收到陌生号码发来的推销等其他信息。信息泄露的渠道很多，有可能是企业内部泄露，有可能是物流运输过程中泄露，但最终受害者是用户。所以政府要加大力度打击泄露个人信息的行为，对违法企业进行追究。帮助用户个人隐私的数据加密，加速建立和完善关于消费者的隐私保护体系，让消费者可以安心地在网络上进行交易；而且要大力宣传相关的知识，使消费者可以增加防范意识，防患于未然，把危险从源头遏制。

（三）加强电子商务人才培养

通过开展电商专业技能讲座以及培训，提高管理者对电商的认识。通过加强对电商的认识从而改革企业管理运行机制，使得企业管理制度能更加符合企业电商化的发展机制，实施人才激励措施，为企业增加动力，这样企业才能不断地蓬勃发展。对企业员工而言，应该努力提高他们的文化水平，建立人才培养的梯队，加大人才的培养力度，完善人才的储备机制。由于电商不是单一学科构成的，企业在招聘过程中选择不同专业内的优秀人才，扩大招聘的范围。优化员工结构，通过扁平化的管理方式激发、培养员工的创造力，建立起公司独特的企业文化。

学校提高对电子商务人才的重视程度。学校要改变教学方法，不单单仅限于枯燥无味的教学方式，还要改变单一的教学模式，进行交叉学科的创新，完善课程体系，从理论向实践过度，采用创新的方法提高教学质量。加强与电商企业的合作，了解企业需要怎样的专业人才，以定向培养的方式为企业打造优秀的人才储备。同时还可以利用校企合作的契机，让学生通过实习的方式去了解电子商务的需求。同时学校还可以举办相关专业的人才培训活动，培养企业管理人才，为企业建立电子商务专家咨询机构，发挥专业人士的作用。

现在，电子商务发展迅猛，对中国电商的发展既是机遇，也是挑战。随着我国经济以及各个行业的深化发展，电子商务企业应当把握机会，促进自身的发展。总体而言，我们要正确对待电子商务企业在发展中所遇到的问题，通过改革和创新模式，发挥企业以及政府在市场的职能作用，建立一套完善的市场体系，使我国电子商务不断地向前发展。

第二节　电子商务与营销渠道创新

从20世纪90年代开始，世界互联网开始飞速发展，互联网的飞速发展标志着信息社会的到来，电子信息和网络成为推动世界经济发展的又一强大动力，电子商务便是由于互联网发展而新兴的一种现代商务模式。它是人类经济、科技、文化发展的必然产物，它不同于传统营销，不受时空的限制，具有很强的自由性和交互性，它极大地改变了传统营销的形式和理念。相对于传统营销，电子商务具有国际化、信息化和无纸化等特点，已然成为当前世界营销发展的趋势。电子商务与传统商务相比，给消费者带来更多的满足，给处于产业链中的众多中小企业带来了更多商机。电子商务环境下营销渠道越来越复杂，产生了新的营销渠道管理问题。本节对电子商务环境下营销渠道的管理创新进行分析，并给出电子商务营销渠道的管理路径，以更好地整合电子商务环境下营销渠道的优势。

一、电子商务对传统营销渠道的影响

（一）渠道关系的变化

传统营销渠道受限于商业信息的封闭性，供应链中的各主体为了私利，在整条供应链中呈现利益争夺格局，企业和上下游之间的渠道关系极其不稳定，互相不信任，使得渠道运行较为困难。电子商务环境下增强了市场商业信息收集、分析的能力，整合了供应链资源，形成了稳定且又紧密的渠道关系。为了应对市场竞争压力，供应链中的各渠道主体转变原有的观念，开始利用电子商务手段，在彼此协作的基础上优化整合人力资源、信息资源，改造业务流程，实现供应链集成管理，实现渠道关系多赢管理。

（二）电子商务打破了价值链环节

在传统营销商务活动中，商品只有通过中间渠道才是完整的价值链，商品才能到达顾客手中，传统营销商务活动是一个集成价值链，整条价值链共同分享了商务活动利润。但是在电子商务环境下买卖双方的关系非常紧密，商务活动逐渐从有形转向无形，打破了传统的价值链环节，网络中间商之间取代了传统中间渠道，一些物流公司、行销公司等作为新型价值链增值中间商逐渐兴起。

（三）渠道权利发生变化

在传统营销活动中，制造商和零售商需要渠道中间商的参与才能获得市场商业信息。但是在电子商务环境下，渠道各主体权利发生了较大变化，制造商不断增强了对渠道的控制，零售商也不断增强渠道权利。零售商可以直接掌握营销活动的动态，获取市场商业信息的全面数据，增强了零售商在电子商务环境下新型渠道中的讨价还价能力，直接冲击了制造商的盈利空间。制造商在电子商务环境下，通过互联网可以直接接触顾客，以更多的渠道控制力获得市场信息。在电子商务直销模式下，制造商甚至可以完全控制营销渠道。

（四）新型中间商的出现

电子商务环境下新型中间商的出现，包括实际中间商和网络中间商两类。其中，实际中间商是指传统中间商基于电子商务环境，积极创新，不断转变原有的商业信息处理方式，以创新型组织和创新型管理重新整合再造业务流程，改变制造商和顾客之间的沟通渠道，实现交易成本和服务质量有机结合的传统中间商；网络中间商在互联网技术支持下，不仅实现了传统中间商的功能集成，还具备了新型功能。即在电子商务环境下，网络中间商拉近了制造商和顾客之间的距离，实现市场商业信息的及时反馈，以渠道运行良性循环提升了营销活动的效率，实现专业化和规模化的营销效益。

二、渠道管理创新分析

（一）分销渠道管理观念创新

电子商务环境下分销渠道管理观念的创新应与互联网系统相适应，彻底转变传统营销活动中各分销主体之间独立的管理观念，创新电子商务供应链的客户关系管理模式。基于这样的观念创新，制造商和新型中间商可以通过培训支持、联合促销和信息共享等形式共享商业市场。在战略合作伙伴关系的基础上，以高效运行的销售网络掌控市场。如制造商和中间商可以在股份制基础上，以新型区域销售公司形式管理分销渠道，中间商作为制造商的价值延伸，成为独立核算的制造商二级管理经济实体，以全新的利益纽带实现供应链价值扩展。制造商和中间商以此形式可以构建共同的价值观，防止二者之间的恶性竞争，实现二者共同的渠道合作。电子商务环境下市场竞争越来越激烈，大量直销公司的进驻以及多层次营销团队的运作，市场需求发生巨大变化。制造商和中间商必须以共同的市场价值观来缓解渠道冲突，以沟通共识共享市场。

（二）分销渠道管理模式创新

在电子商务环境下，分销渠道管理模式创新主要表现在组织结构和管理机制方面。其中组织结构创新是指传统的“以产品为中心”的组织结构转变为“以顾客为中心”的组织结构。这种分销渠道组织结构的变革，使得销售部门以共同的销售端口直接接触顾客，形成了全新的顾客组织架构和分销模式。分销渠道管理机制的转变，主要表现为管理模式和管理方式的创新。传统的制造商和中间商之间的控制型转变为关系型，在电子商务环境下，传统营销活动中合同式、的所有权式和管理式等分销形式转变为新型关系型分销网络。传统的“以总经销为主导”管理模式转变为“以终端市场为主导”的管理模式。即在电子商务环境下，制造商不仅要加强监控经销商服务，还要加强监控终端市场服务，加强对渠道纵深管理，更直接有效的面向顾客。

为了使中间商更高效的运作服务，加强中间商对分销渠道方法的掌握，采取培训支持等形式加强对其的激励，而非传统的奖金等激励方式激励中间商高效管理。

三、电子商务环境下营销渠道管理路径

（一）优化营销渠道结构

电子商务是一种基于信息技术发展的新型市场营销方式，以全新的中介模式实现市场营销目的。电子商务营销渠道相比于传统营销渠道，是基于互联网基础设立的。但是又不仅仅是中间商角色的扮演，电子商务营销渠道是和现实营销市场并行的信息市场，电子商务营销渠道也可以在技术支持下营销产品，如信息产品、音乐产品、电子化产品和软件产品等。因此，可以说，在电子商务环境下，市场营销渠道是多层次的，不同的产品对应不同的营销渠道，应结合产品和电子商务环境对分销渠道实施多渠道管理。电子商务营销渠道与传统营销渠道相比，具有不可比拟的优势如低成本、高效沟通能力。如果传统营销渠道和电子商务环境能够有机结合，实现二者优势互补，就可以有效控制渠道沟通成本，弥补传统营销渠道的不足，以高效运行的效率节约更多的营销时间，节余更多的营销精力，实现核心业务的提升。由此可以看出，电子商务环境下，有形资产在营销渠道中的竞争力逐渐减弱，但是对营销渠道的拓展、对顾客的反馈、对服务模式的创新以及对企业应变力的要求越来越高，需求越来越强烈。可以说，电子商务环境下，互联网营销渠道和传统营销渠道是相互补充的，而非替代关系。传统营销渠道应利用电子商务模式，快速传递信息加强顾客沟通，以较低的交易成本实现营销活动。所以，电子商务环境下，营销渠道结构得到整合优化，应采取电子商务和传统渠道并行的多渠道营销模式。

（二）协调营销渠道关系

电子商务环境下营销渠道关系越来越复杂，对传统营销产生了巨大的冲击，这就需要基于电子商务实施营销渠道关系的协调处理。营销渠道中的各主体如果只考虑私利甚至损害其他主体的利益，很难实现营销渠道的有效运作。而营销渠道关系的有效协调是获取渠道成本优势和渠道关系效益的关键路径，因此，需要基于电子商务协调营销渠道关系，促使各渠道参与主体在共同目标指导下，达成渠道目标、渠道政策、渠道分销等方面的共识，在承担各自责任的基础上，分担营销业务。电子商务环境下，营销渠道各主体之间以共享知识平台，实现渠道关系协作，搭建多渠道、网络化的合作管理系统，降低营销渠道成本，提升营销渠道效率，实现渠道价值链增值。同时，在良好渠道关系协作机制下，将知识管

理输入营销渠道共享平台，还可以促进渠道各主体之间的知识传播和共享，实现知识管理增值。在电子商务营销渠道中，知识管理不仅仅是商品销售途径，更是营销信息传递途径。电子商务环境下，各渠道参与主体拥有不同的知识资源，在知识管理下，既允许存在差异，又相互补充，形成全新的异质互补知识共享平台，满足营销渠道沟通需要，及时反馈、传递市场商业信息，增强营销渠道透明度，搭建营销渠道信任机制，实现知识资源聚合效应，最大化发挥营销渠道优势，增强营销渠道市场竞争力。

（三）营销渠道内整合策略

在当今的网络经济中，新型分配的流通模式在重塑市场流通结构和厂商运作以及在企业的购买网络化、分配网络化、服务网络化中有重要推动作用。但是，由于行业的不同，在传统模式向新型模式转换的过程中，其速度是不相同的。一些行业，如书商、电脑营销商在网上售卖东西，通过亚马孙和戴尔直销等方式将其生产与销售进一步扩大。但是也有许多商品如冰激凌、快餐等各类低值易耗品，则相对比较麻烦，它们从传统向新型模式转换的时候速度较慢。所以，在判断产品是否适合新经济分流渠道的时候，要将其在网络经济下的潜在市场渗透力作为主要参考指标，将电子商务和传统渠道结合形成多渠道营销，这样不仅能实现两者的优势互补，同时还能使市场营销渠道趋向多元化的发展方向。在未来，实现全社会商品多渠道经营的主流渠道模式将是由电子商务和传统渠道并行的多渠道管理模式。营销渠道内整合是指在营销过程中，将各个销售任务分配到成本较低但能够以高质量完成该任务的营销渠道，最优的销售通道就是由各个营销渠道通过组合而来，在此来实现产品的销售目标。所以，分析出在成本较低的情况下能够对销售任务完成较好的营销渠道是当前企业营销渠道内整合的重心和关键所在。首先，对单一渠道完成销售任务的分析是在进行营销渠道内整合前必须要进行的工作。比如，寻找潜在客户、顾客确认、销售、售后服务和顾客管理这五项任务，在单一的营销渠道中，也有五种：面对面推销、间接营销、直邮销售、电话销售和网络营销，而且每一种营销都能单独完成五项任务。如果将各个营销渠道和营销任务进行有序的组合，为了达到 1+1 ＞ 2 的效果，由相应的营销渠道来完成相应的销售任务，最后企业取得利润的最大化和客户收获效益的最大化就是目标。比如，企业寻找潜在客户和对客户进行确认就可以通过直邮营销或者网络营销的平台，然后将这些潜在顾客转给面对面推销或间接营销渠道。

（四）营销渠道间整合策略分析

营销渠道间整合指每个营销渠道在多渠道营销系统中能够独立承担营销的服务功能，也能独立形成一个实现产品销售的销售通道，用来提高市场覆盖率和产品销售量。各个营销渠道在营销渠道间整合的过程中是相互独立的。通常意义上所说的多渠道系统就是通过营销渠道间整合所形成。集中型渠道策略指的是企业利用多种营销渠道达到一个奇特的细分市场。在这些营销渠道中，有时候会形成交叉，所以避免不了竞争。比如，在价格和促销上大部分用集中型渠道策略。在制造商利用电子商务分销渠道时，对价格策略会特别重视，在在线销售产品和传统渠道销售产品相似度较高的时候，在线销售产品的价格不应该低于传统渠道销售产品价格。在两类渠道间，需要鼓励和推动其进行重叠促销有利于电子商务渠道和传统渠道的合作。相似的，传统渠道在扩大网站知名度和宣传企业由第三方网站提供的网上服务的作用也不小，一方面，传统分销商与消费者的接触机会多，对消费者的了解也更多，可以把握机会向适合的顾客进行宣传，另一方面对各渠道之间的合作与交流也能起推动作用，减少冲突的发生。混合型渠道策略是混合集中型渠道和选择性渠道的策略。利用选择型渠道策略模式服务于企业主要产品细分市场，利用集中型渠道策略服务于大规模市场是典型的混合型渠道策略。比如，企业提供相互交叉的集中型渠道模式给小规模业务，与此同时，企业的直销队伍给特定的产品细分市场服务，在给大客户提供特殊服务的时候，大的市场覆盖率并不能成为其主要目的，其主要目的是为特定的客户提供优质、个性化服务。在混合型渠道策略中，渠道互补思想是其中的典型，使用这种策略的企业不在自己网站之外的网站上介绍其产品信息和履行其职能，同时也不接受在线订单，或者只是在线接受订单，转而交给分销的伙伴来完成。除此之外，在渠道间整合过程中，少不了与中间商进行良好的沟通，良好的沟通能够有效地消除企业与中间商之间的误会和隔阂。

第三节　电子商务发展的探讨

随着新一代信息技术的发展和应用，出现了一种新型的商业模式——电子商务。电子商务通过与实体经济的结合应用，已经成为经济社会发展进步的重要推手。如何更有效地发展电子商务，保障电子商务的健康发展，是世界各国都予以关注的问题。

一、电子商务发展的作用

（一）带动现代服务业快速发展

电子商务在巨大的应用需求下极大地促进了现代服务业的发展。我国目前已经有数百家企业都获得了非金融机构第三方支付牌照，为人们的电商交易服务提供了完善的支付服务环境。近几年来，我国互联网支付交易额年年突破记录大幅提高，用户数量也达到了前所未有的规模。电子商务应用市场在巨大的需求下不断扩大，已在现代服务业的市场中占据了不小的份额。

（二）在扩大消费、促进就业方面作用明显

网络商品零售市场的交易规模在社会消费品零售总销售额中所占据的比例年年上升，目前已经是商品贸易总额中不可忽视的组成部分。2016 年，阿里巴巴在十一月十一日活动日当天的单日成交额成功突破 1207 亿元，而在 2013、2014、2015 年这一数据分别约

为362亿元、571亿元、912亿元。从2009年0.5亿元的单日成交额到2016年的1207亿元的单日成交额，短短七年，年年阶梯性递增并达到了千亿数级，仅阿里巴巴的成绩便已如此斐然，电子商务促进了交易成交额的大幅提升。电子商务的快速发展，还带动了相关衍生服务行业的快速发展。如快递行业，在网络销售快速爆发的情况下，大部分网络零售的配送需求又大都依赖于快递配送，快递的业务量也获得了巨大的提升，仅在2016年双十一当天阿里巴巴就产生了6.57亿个物流订单量，极大地促进了快递行业的发展，也创造了大量的快递工作岗位。据相关研究表明，从2008年到2016年，电子商务的发展创造了3000多万个就业岗位。由此可见，电子商务在促进就业方面作用明显。

（三）带动传统企业加快转型升级

在电子商务应用迅速普及的趋势下，传统企业也逐渐与电子商务企业融合发展。如近几年的食品餐饮行业，在饿了么、百度外卖等平台的创立和发展后，餐饮店的营销渠道得到了很好的扩展，外卖的方式也极大地提升了用户的体验。这对于商家来说，在提高销售额和服务质量方面取得了良好的成绩，对用户来说，获得了极大的便利。类似的还有共享单车、共享汽车的兴起，大型传统的制造企业通过与电子商务企业合作，更直接地面向市场服务，在应用方面进行了变革，不但创造了方便众人的共享经济环境，而且缓解了企业自身盈利点下降的问题。

（四）助力中小企业进入大市场

由于电子商务相对于现实贸易有天然的优势，没有空间限制，无中间商，交易成本低，而且交流方便、快捷，使国内企业可以直接与国内、国际企业自由交易，大大提高了资源的分配率。在这种新的流通体系上，企业还能达到扩展销售渠道、采购渠道的目的。

二、促进电子商务发展的策略

（一）努力为电子商务发展提供良好的政策环境

电子商务是一种特殊的经营模式，其通过线上的沟通交流进行买卖交易的方式有着无可比拟的便利性，但同时也存在着难以约束的弊端。诸如恶意侵权、售卖假冒伪劣产品、欺诈等行为时有发生，目前已有的法规难以对这些行为进行界定及管理。因此，为进一步促进电子商务的发展，应结合电子商务发展存在的实际问题和需求，对现有的法规进行整理，有步骤地制定和完善相关法律法规，研究出台一批与电子商务发展相适应的行业标准。通过法律法规和行业标准进一步规范电子商务的活动，形成竞争有序、管理适度的电子商务新市场，营造更加公平的市场竞争环境，促进电子商务的健康、快速发展。

（二）加快电子商务信用体系建设

为促进电子商务的发展，应加快电子商务信用体系的建设，建立以政府为主导、多方参与、标准统一的信用体系。在电子商务信用信息方面，以电子商务平台入驻企业的信用记录为主体建立电子商务信用信息数据库，对信用信息的采集、共享和使用进行统一管理，并按照统一的信用指标对入驻企业信用信息进行评价，确保信用信息库的建立更加公正、透明。通过数据库实现信用信息在企业、政府部门和第三方信用机构之间的共享，进一步加大打击电子商务平台中的假冒伪劣现象的力度，确保公平竞争的电子商务市场环境。

（三）推动电子商务创新发展

进一步推进电子商务的创新性发展，提高电子商务的贸易规模和水平。在现有电子商务平台运行的基础上，鼓励多种模式电子商务平台的运行和发展，如电子商务企业对企业（B2B）模式、商对客（B2C）等模式。鼓励电子商务企业制定“走出去”战略，充分发挥我国电子商务的优势，进一步完善跨境电子商务在交易支付、仓储物流、客户服务及企业诚信和监管等方面配套体系的建设，并设立境外服务机构，为国内电子商务企业与国外电子商务企业的战略合作提供支持和服务。

经过多年的发展，我国的现代服务业在电子商务迅猛发展的带动下得到了极大的发展，社会经济的各个环节也与电子商务息息相关，而且在当前的全球经济化进程中，电子商务也发挥着极其重要的作用。因此，理解、认识电子商务的发展趋势，并通过各种措施保障、引导电子商务良性发展，对我国经济的发展有着极其重要的意义。

第四节　电子商务数据库的发展

随着社会经济的不断发展，计算机技术和网络技术发展迅猛，对人们的日常学习、工作和生活产生了越来越大的影响，改变了人们的生活方式，电子商务就是其中一项。电子商务的产生与发展改变了原有购物模式，使人们的购物行为不受时间和地点限制。而电子商务发展中比较重要的内容就是数据库的建立，数据库的建立方便了电子商务的管理。本节对电子商务数据库的概况进行相关介绍，并且对电子商务数据库的发展情况进行了相关的介绍，同时对发展前景等方面做出了展望。

电子商务的出现和发展对人们的购物行为产了生非常重要的影响，尤其是各类购物网站的兴起以及发展，更加扩大了网购消费者群体数量。网购使人们的消费行为不受时间、地点的控制，极大地促进了购物的便利性，方便了人们的生活。电子商务数据库的建立能够有效促进电子商务的管理，提高电子商务管理的便利性和有效性，促进电子商务的发展。电子商务数据库的发展对电子商务管理模式以及电子商务的发展有着重要的影响。

一、电子商务数据库概况

（一）电子商务与网络

网络（Internet）正在迅速成为一个世界上最大的、交互式的、多媒体的市场交易结构体系。作为信息媒介的 Internet，通过开展商务活动，使得 www 服务器上不仅存放有商业广告，还提供商品信息。网络为消费者提供了新的购物渠道，消费者不需要到特定的购买场地实施购买行为，网络是电子商务建立的重要基础和重要媒介，是实现电子商务购物功能的重要通道。用户可以通过网络实现浏览商品、对比商品以及实施购买的消费过程，在整个过程中网络起着重要的链接作用，正是网络的建立使得消费者的网购行为不受时间以及地点的限制，并且可以通过网络中商品信息的浏览实现货比三家。因此，网络在电子商务中起着重要作用，是电子商务赖以生存发展的基础，保证了消费者购买行为中各个环节的完成。

混合加密技术的使用能够有效提高电子商务数据库信息的安全性能，能够最大限度地保护用户的信息安全。混合加密技术提高了解密难度，自然就提高了不法分子窃取用户信息的难度，从而实现了对用户信息的保密。

电子商务数据就是用户利用浏览器作为输入界面，然后输入所需的数据。浏览器将这些数据返回给网站，而网站再对这些数据进行一些处理。数据库的建立能够对用户信息进行保存，这些信息能够对电子商务的改进和完善提供意见，还可以根据数据库的信息针对各个用户实现个性化定制，使其更加符合用户的需求。另外，数据库的建立方便了信息的存储以及查询，能够方便电子商务的管理，节省工作时间，提高工作效率。操作过程为将数据存入数据库，或者是对数据库进行查询的操作等，最后网站再将执行的结果返回给浏览器，通过浏览器将结果告知用户。因此，不仅仅是电子商务管理终端可以得到信息，用户在使用过程中也能够得到相应的信息说明，用户能够加强对自身购买行为的了解并且对其实现分析，以此改善用户体验。

（二）数据库软件介绍

数据库软件主要有 Microsoft Access 以及 Microsoft SQL Server 两种。Access 是 Office 家族中关系型的桌面数据库系统，它结合了 Microsoft Jet Database Engine 和图形用户界面两项特点，是 Microsoft Office 的系统程序之一，目前最新的版本为 Microsoft Office Access 2016。Access 软件的优点在于具有比较高的灵活性，操作比较简便，运行速度比较快，节省工作时间。Access 软件的缺点在于安全性能还有待于进一步提高，容易引发安全隐患，运算速度比较慢。Microsoft SQL Server 是一个全面的数据库平台，使用集成的商业智能（BI）工具提供了企业级的数据管理。Microsoft SQL Server 数据库的优点在于有着比较高的安全性，并且能够对数据信息进行副本建立，在主信息丢失的情况下，副本信息的保存保证了信息不至于完全丢失。

二、电子商务数据库发展概况

（一）数据库的建立

在电子商务系统发展过程中，比较重要的就是安全隐患存在限制其发展。电子商务系统是一个建立在较为开放的网络环境中的交易平台，其交易过程大致分为：用户注册、用户登录、选购商品、网上支付等。用户在进行账号注册和购买过程中往往将个人信息暴露在网络中，虽然当下网购环境相对比较安全，但是在电子商务安全维护系统提高的同时，非法分子盗取用户信息的技术手段也越来越高明。在网购行为中，用户个人信息往往比较真实、全面，一旦遭到窃取将对用户安全尤其是用户的财产安全造成严重的威胁。

分析发现非法盗取用户信息主要发生在用户输入完整信息提交服务器的过程中，尤其是在密码丢失的情况下，通过密保问题对信息找回的过程。此环节是安全性最差的、最容易受到信息窃取的过程，这个环节是没有加密的，他人极容易从网上窃听该信息，这会导致数据库系统的不安全。

（二）电子商务数据库发展中混合加密技术的建立

电子商务数据库存储着用户的重要信息，一旦出现用户信息泄露或者被盗取的情况，将对用户的财产安全等造成威胁，也会对电子商务公司的信誉造成消极的影响。因此保证数据库的安全是电子商务公司需要重视的环节，针对数据库管理采取适宜的加密技术。混合加密技术就是将对称加密技术以及不对称加密技术的结合，能够充分地运用两种加密技术的优点，互相补充，逐渐完善。采用混合加密技术，既克服了对称加密传输密钥的困难，也克服了非对称加密不适用于大数据量的缺点，可以把二者的优势充分结合起来。

就目前的情况来看，数据库的应用已经进入电子商务领域，在未来的电子商务运营过程中对于数据库的应用将会越来越全面且深入，将数据库应用于产品信息发布、销售、生产、仓储、物流等各个环节，实现对数据库充分合理的应用。电子商务的蓬勃发展必然离不开数据库的应用发展，在发展过程中，对于数据库的应用也越来越注重安全性能的提高，以保障信息安全。

电子商务的发展是现代生活发展的重要趋势，在人们的日常生活中占据着越来越重要的地位。数据库在电子商务的管理中是必不可少的，数据库的使用能够提高电子商务管理的有效性和效率，实现用户信息的收集和反馈，提升用户体验。在电子商务数据库的发展中，比较重要的就是安全问题，混合加密技术的使用能够有效地提高电子商务数据库的安全性，促进其进一步发展。

第五节　“互联网 +”时代的电子商务

“互联网 +”时代为电子商务发展提供了更加多元化的平台与更加宽广的道路。此时一些传统线下销售的企业，应该积极开发电子商务这条道路，充分借助互联网的优势，为自身的可持续发展服务，实现自身经济效益与社会效益的双重提升。本节就以“互联网 +”时代的电子商务为内容进行研究。

现阶段，我国已经进入经济发展的新常态，生产消费模式发生了巨大变化，不仅社会经济资源划分更加细致，而且各经济源之间的联系也更加密切，电子商务已经在很多经济活动中开始涉及，并成了国民经济中最有活力的一个经济领域。近年来，我国电子商务在各行业中的应用不断取得新突破，网络零售、跨境电子商务、在线生活服务、互联网金融等日新月异，“互联网＋传统业态”成为各行业发展的一个新“标签”。“大众创业、万众创新”蔚然成风，电子商务成为扩大消费的新亮点，成为带动就业的新载体，也成为促进经济转型升级的新引擎、推动经济增长的新动力。

一、我国电子商务发展的新特点

（一）促进经济增长的作用凸显

在电子商务领域，其发展过程带动了经济增长，为经济发展提供新途径。作为一种新活力，电子商务已经在不断更新与改进中，过程也刺激了更多的消费者，对于拉动内需都有一定作用。与此同时，各地都在抓发展，电子商务迎合经济发展，不断推动国家经济向着科技创新领域迈进。电子商务为客户提供了交流的平台，客户需求也为企业提供了发展方向，通过电子商务给消费者提供了更多选择。很多新企业随着电子商务的产生，不仅增加了就业机会，也为大学生提供了良好的创业平台，在促进经济增长的同时也起到了宏观的调节作用。总之，互联网的采用，各个中小企业的信息与资源得到最大化的优化，也使得各种资源有效迸发，为国家经济提供更多的源头活水。此外，从网购人数的增加也可以看出，电子商务交易的规模在扩大，电子商务企业也越来越多，电子商务的贸易额已经在社会经济发展过程中占据很大比例。

（二）电子商务在农村的有效推广

当前，在我国农村，电子商务为其相关农业产品或农业旅游产业提供了发展空间。结合农村各地发展特产，积极运用电子商务，不仅促进农民创收，同时为国家农村建设提供了有效助力，电子商务引导了农业的生产。现如今很多企业把发展深入农村，进一步进行农村市场的拓展，一方面企业的自身竞争力得到巩固；另一方面，农村市场具有潜在的电子商务开发效率。对于农业电子商务来说，更具发展特色，同时也有着发展的独特性。在国家相关部门的带领下，一些利于电子商务发展的政策也开始颁布，使电子商务在农村市场得到了广泛运用。例如在农产品方面，很多电商企业进行了农村市场开发，如淘宝、天猫平台已经覆盖了大量的生鲜电商，这些电商的产品源于农村，产品的质量得到了有效保障。同时，农村的市场被有效推广，越来越多的电子商务企业开始重视对农村的开发。

（三）手机客户端购物的突破性增长

从 2014 年我国移动客户端的购物取得飞跃突破后，近些年很多零售消费者，运用手机进行购物的规模越来越大，其增长更是高于全国其他零售消费行业，当各大企业看到移动客户端的优势后，都进行了移动客户端电子商务活动的推广。例如，唯品会的特卖模式与手机的有效联合，明星衣橱、美丽说、蘑菇街等都在市场上激烈追逐。到 2016 年春节期间，支付宝活动，以及在微信、微博等客户端抢红包用户高达 6 多亿人。从这些数据中可以明显看出，电子商务在移动领域的拓展速度，其优势更是显而易见，以合理进程推算，在未来的几年，移动客户端的购物会成为一种潮流。

二、“互联网 +”时代我国电子商务发展中存在的问题

从我国“互联网 +”电子商务发展的情况来看，其中法律不健全、支撑体系不完善、信用体系不全面等问题还普遍存在，从以下几个方面进行具体分析。

（一）相关法律法规不健全

为了适应我国推广并快速发展的“互联网 +”，我国近些年相继颁布了一些规范网络的法律法规，但是我国仍旧处于互联网的发展中阶段，针对具体的电子商务的市场竞争等还是存在漏洞的。并且由于电子商务并非实体店，具有隐蔽性等特点，也就致使其有些商业行为即使并不符合规则，也无法做到处处清晰。并且有些网店为了提升店的销售额，强迫顾客改差评等行为，即使手段不太合理，却没有规定明确说明这是违规操作的行为，并且目前还没有明确涉及顾客在交易的过程中所产生的相应交易数据的问题。

（二）支撑保障体系尚不完善

就从目前来说，我国对网络安全方面的建设尚且不够健全，无论是安全管理、运转速度等和发达国家都存在着不小的差距。由于我国人口数量大的特点，社会工作者压力大没有时间去实体店，只能依靠在网上购物，但是我国近些年刚刚发展起来的互联网店面，推广时间不久的“互联网 +”等难以满足人们的大量需求，物流、成本以及服务程度很多时候都不尽人意。而网上支付这件事更加需求安全保障，在金融电子方面我国正在逐步发展的摸索阶段，需要加强对交易信息和交易资金的安全管理。

（三）社会信用体系有待进一步完善

我国市场经济在快速发展的今天，仍旧没有到达一个稳定的、良好的阶段，没有一个完善的体系和素质高的社会做支撑，那就需要政府出手干预，建立完善的监督体系。电子商务中的社会信用体系目前还在建立中，需要一个良好的第三方来客观地管理整个资源信息。

（四）跨境电子商务瓶颈有待突破

我国目前所具有的关于互联网的政策无法满足我国跨境的“互联网 +”合作，因此，我国应该建立起符合我国国情以及国际情况建立相关政策和法律。我国针对跨境的电子商务没有一个健全的进出口和税收等政策，并且电子商务本身的覆盖面极广，交易之后的货物有问题的话，退货换货就有一定的困难，再加上国际上的货物流通，所面临的困难就更

加难以解决，因为所涉及的不仅仅是距离的问题，还有关税和进出口的问题，因此，消费者权益需要采用各种形式进行维护，无论是电子商务还是国家政策。“互联网 +”中重点发展项目之一的电子商务应该加强交易市场的管理，实现网络市场的正常操作，建立完善的国际交易规则，努力让我国的电子商务在国际市场上占据一定份额。

三、“互联网 +”时代电子商务发展策略

分析了“互联网 +”时代电子商务发展中存在的问题，我们能够发现，想要进一步拓展和普及电子商务，还需要经历很长一段时间，企业应该坚持不懈地走下去，深化和落实相关对策和机制，为“互联网 +”时代的电子商务发展提供更多保障。

（一）完善电子商务政策法规和标准体系

我国在大力推动电子商务的过程中，出现了瓶颈期，我国相关部门应该冷静地看待这个问题，并着手干预，颁布相关政策法规推动其早日摆脱瓶颈期，步入正常运行的轨道。为我国电子商务发展推进“互联网 +”发展创造一个良好的市场环境，建立起相应的市场规则。充分调动与“互联网 +”相关的专家、顶尖企业等，制定完善的商务标准，并建立起完善的管理体系，促进电子商务的良好发展。

（二）推进重点领域应用

推动电子商务进农村，挖掘农村网络消费潜力。电子商务所服务的对象不应该仅仅是大城市的群众，更应该面向全国，推动“互联网 +”在农村的生存与发展。可以选取几个具有代表性的村和县，在村县建立起电子商务的示范试点，最后吸取经验，总结好的地方并将其发挥到最大，找到存在于试点中的问题，探究出良好的方式解决问题，从而在农村找到电子商务发展的一片天地。农村可以通过在电子店铺上出售农产品，从而不仅做到推动农村的经济发展，也有效促地进电子商务在农村找到立足之地。

鼓励电子商务进社区，拓展服务性网络消费范围。城市社区也是电子商务服务拓展的方向之一，针对这方面可以建立起以社区居民生活为核心的电子商务链条，促进居民生活消费，促进电子商务的发展，电子商务推进居民生活更加良好，也促进了生活服务市场的服务。

支持电子商务进中小城市，提升网络消费便利性。“互联网 +”的电子商务在面对中小城市时应该根据实际情况，根据其区域发展特点建立起完善的、具有特色的，符合实际的电子商务发展体系。

促进跨境电子商务，推动企业利用电子商务拓展海外市场。深入了解各国国际的电子商务所需要遵循的原则和规范，并结合我国“互联网 +”发展状况和发展原则建立完善的政策和法规，在为电子商务谋发展的同时实现我国“互联网 +”的发展。在此基础之上，国家要积极鼓励一些主打电子商务的企业“引进来，走出去”。在努力建立起完善的境外电子商务服务体系之前可以先行建立起交易、支付、物流、关税、汇兑等相关示范试点，

在发展的过程中，及时发现其中的问题，通过不断的实验和创新解决问题，并在此基础之上逐渐建立起完整的、完善的、符合国际交易的、符合“互联网 +”发展原则的生产和管理制度和规范。

另外，不断推进电子商务在各个领域和区域的师范试点，为推进电子商务发展的生态链条的完善打下良好的基础。在丰富的试点经验下，总结经验，带领其他地区共同发展，从而促进各地区电子商务的共同前进发展。

（三）完善电子商务支撑服务体系

提升传统流通基础设施网络服务能力，优化各种辅助电子商务进行发展的基础设施。

推进电子商务与物流快递协同发展。对于电子商务来说，物流是非常重要的一部分，因此，要积极推进物流业的发展，帮助度过电子商务发展中的一个个瓶颈期。

加强电子商务统计信用体系建设。在电子商务发展快速的阶段，也不要忽略第三方信用体系的重要性，要加快其建立速度。

加强电子商务人才培养。为了满足我国对于“互联网 +”事业建设的需求，应该加强高校和企业对于电子商务人才的培养。

规范网络交易市场秩序。切实保障人民群众在参与“互联网 +”时的各种利益和安全，建立起完善的市场交易规范。

积极参与国际规则制定。在进行国际互联网交流中，增强与各国在电子商务上的联系，从而促使我国这项发展能够找到一个良好的发展环境。

电子商务是我国经济社会发展的催生物，当然也更加符合现代人购物习惯的经营手段。企业应该充分借助网络信息技术的优势，发展自身的经贸活动，以此来顺应当前经济市场的整体趋势，满足人们的购物习惯与愿望。同时，要客观看待“互联网 +”我国电子商务中存在的问题，并有针对性地完善和制订发展计划与对策，如此才能够全面促进我国经济的可持续发展。

第六节　电子商务营销的常用方法

电子商务营销是网络营销的一种，是借助于互联网完成一系列营销环节，以达到营销目标的过程。常用的电子商务营销的方法有：搜索引擎营销、即时通信营销、病毒性营销、许可电子邮件营销、微博营销、SNS 营销、微信营销等。

电子商务营销技巧的核心在于如何打动消费者，让企业的产品或品牌深入消费者心坎里去，让消费者认识品牌、了解品牌、信任品牌到最后依赖品牌。传统的营销方式（电视广告、报纸、户外广告等等）成本大、见效慢、效果难监控。随着网络的发展，互联网品牌推广以高性价比的优势，逐渐受到企业的青睐。

一、搜索引擎营销

搜索引擎营销（简称“SEM 营销”）是指以搜索引擎为平台，根据用户使用搜索引擎的方式，利用用户检索信息的机会尽可能地将营销信息传递给目标用户，进而开展营销活动。这是最经典、最常用的网络营销方法之一。搜索引擎营销的主要方法有竞价排名、分类目录登录、搜索引擎登录、付费搜索引擎广告、关键词广告、来电付费广告、搜索引擎优化（搜索引擎自然排名）、地址栏搜索、网站链接策略等。

二、即时通信营销

即时通信营销（简称“IM 营销”），是企业通过即时工具 IM 帮助企业推广产品和品牌的一种网络营销方式。常用的主要有以下两种情况：一是网络在线交流。中小企业建立了网店或者企业网站时一般会有即时通信在线，这样潜在的客户如果对产品或者服务感兴趣自然会主动和在线的商家联系。二是广告。中小企业可以通过 IM 营销通信工具，发布一些产品信息、促销信息或者通过图片发布一些网友喜闻乐见的表情，同时加上企业要宣传的标志。

三、病毒性营销

病毒性营销并非真的以传播病毒的方式开展营销，而是通过用户的口碑宣传，使信息像病毒一样传播和扩散，利用快速复制的方式传向数以千计、数以百万计的受众。病毒性营销（也称为病毒式营销）是一种常用的网络营销方法，常用于网站推广、品牌推广等。病毒性营销利用的是用户口碑传播的原理，在互联网上，这种“口碑传播”更为方便，可以像病毒一样迅速蔓延，因此病毒性营销成为一种高效的信息传播方式，而且，由于这种传播是用户之间自发进行的，因此几乎是不需要费用的网络营销手段。

四、许可电子邮件营销

许可电子邮件营销（许可 E-mail 营销）是在用户事先许可的前提下，通过电子邮件的方式向目标用户传递价值信息的一种网络营销手段。电子邮件营销有三个基本因素：用户许可、电子邮件传递信息、信息对用户有价值。基于用户许可的 E-mail 营销比传统的推广方式或未经许可的 E-mail 营销具有明显的优势，如可以减少广告对用户的滋扰、增强与客户的关系、提高品牌忠诚度等。开展 E-mail 营销的前提是拥有潜在用户的 E-mail 地址，这些地址可以是企业从用户、潜在用户资料中自行收集整理的，也可以利用第三方的潜在用户资源。

五、微博营销

微博营销是指借助微博这一平台进行的包括品牌推广、活动策划、个人形象包装、产品宣传等一系列的营销活动。微博营销，以微博作为营销平台，每一个听众（粉丝）都是潜在的营销对象，企业利用更新自己的微博向网友传播企业信息、产品信息，树立良好的企业形象和产品形象。该营销方式注重价值的传递、内容的互动、系统的布局、准确的定位，微博的火热发展也使得其营销效果尤为显著。微博营销涉及的范围包括认证、有效粉丝、朋友、话题、名博、开放平台、整体运营等。

六、SNS 营销

SNS 是 Social Network Site 的字母简称，翻译成中文就称为“社交网站”。但是，它并不是对所有社交网站的概括词，而是专门指某一类社交网站。这类社交网站有人人网、开心网等，其最大的特点是实名制和现实关系网络的数字化。简单地说，SNS 是将用户和其朋友、亲人、同事等建立线上联系并提供实名沟通交流的网络平台。SNS 营销就是利用 SNS 网站的分享和共享功能，在六度空间理论的基础上实现的一种营销。通过病毒式传播（口碑传播）的手段，让产品被更多的人知道。通常情况下，人们更加相信朋友和亲人推荐的品牌和产品，而在互联网高度发展的今天，人们不仅可以通过网络及时交换对品牌和产品的意见，相互推荐品牌和产品，而且可以便捷地通过网络向专业人士进行咨询，广告无法对消费者的选择起到决定性作用，消费者是否购买取决于他们从网络上获得的关于品牌和产品的口碑。而 SNS 就是这样一个口碑实现的平台，通过 SNS 开展营销，即是通过作用于消费者的口碑开展营销，可以直接有效地影响消费者的购买。

七、微信营销

微信营销是伴随着微信的火热而兴起的一种网络经济时代企业或个人网络营销的模式。微信不存在距离的限制，用户注册微信后，可与周围同样注册的“朋友”形成一种联系，订阅自己所需的信息，商家通过提供用户需要的信息，推广自己的产品，从而实现点对点的营销。微信营销主要体现在以安卓系统、苹果系统的手机或者平板电脑中的移动客户端进行的区域定位营销上，商家通过微信公众平台，结合转介率（转介率是指同一时期内通过转介绍成交的客户占总所有成交客户的比例，转介率的高低是衡量一家企业营销成功与否的基本标准）微信会员管理系统展示商家微官网、微会员、微推送、微支付、微活动，已经形成了一种主流的线上线下微信互动营销方式。微信营销已成为当今最热门的营销方式，越来越多的企业开通自己企业的微信公众号来提高自身企业的品牌推广。

第七节 电子商务与隐私权探讨

随着微机、网络技术的迅猛发展，商务模式发生革新性变化，电子商务逐渐取代大部分传统商务市场，人们通过互联网平台能够实现数据信息的检索、收集、传输与共享，以此为电子商务的顺利进行奠定基础。电子商务的广泛应用为我国商贸行业带来全新机遇的同时也带来了很多问题，其中网络隐私权成为困扰电子商务发展的一大难题，如何处理好电子商务与隐私权的逻辑关系，成为当今社会的热点话题。

一、电子商务中的隐私权保护

（一）网络隐私权

网络隐私权指的是社会公民在使用网络的时候涉及的个人信息、生活信息受法律保护，未经本人允许不能被他人复制、获取及使用；与此同时，社会公民也不能在网络平台随意泄露他人敏感信息以及散布有损社会安定、国家团结的恶意行为、毁损意见等。依据相关法律规定可知，网络隐私权能够对公民的基本信息、敏感信息、社会信息进行保护管理，公民对上述信息具有完全的知晓权。

（二）基于电子商务的侵犯隐私权形式

基于电子商务的隐私权侵犯形式有：① 电子商家通过表格填写、线上咨询、追踪技术等形式收集到消费者的各种基本信息，未经本人允许用作他用；② 电子商家将收集到的消费者信息录入特定系统，通过大数据分析提取具有商业价值的信息并用于商务推销，由此导致大量垃圾邮件强行传输到消费者邮箱；③ 有些公司为了某些商业目的会与其他公司交换消费者个人信息，或者是将大量个人信息以打包的形式公开出售，以此来达到“资源共享”的目的；④ 上传到网络平台的个人信息极易被他人非法盗用，不法分子可以通过 Cookie 跟踪工具、垃圾邮件、网络黑客等技术手段进行信息窃取。

二、提高电子商务中的隐私权保护策略

（一）明确隐私权法律地位

若想提高电子商务隐私权保护力度，首先需要明确其在民法中的重要位置，隐私权有别于名誉权，需要依据概念特点确定人格权法律地位。目前存在的通过名誉权、肖像权维护隐私权的方式并不利于公民的隐私权保护，甚至会造成很多管理误区。

（二）制定专门的个人信息数据保护法律

就当前法律环境及技术条件而言，基于电子商务的隐私权保护工作是一项艰巨的任务，

不仅需要相关法律法规的大力支持，同时还需要加强个人信息的数据保护与管理。依据网络隐私权特点明确保护职责及范围、规定侵犯责任义务、制定补救缓解措施。围绕网络服务特点制定个人信息数据保护法律，就服务商需要履行的职责义务进行明确规定：依据法律制度收集个人信息，经得本人同意使用对应信息；为社会公民提供网络服务的时候有责任告知其享有权利、承担义务以及可能遇到的风险问题；经营者征得本人同意收集、使用消费者个人信息的时候，需要尽量避免过度收集个人信息，同时也有义务对收集到的消费者个人信息进行全面的保护与管理，以此避免出现隐私泄露、窃取、篡改等问题。

（三）完善隐私权保护法律制度

我国关于网络隐私权保护虽然存在一些行政规章，但是都不够系统、科学，无法对个人信息的收集、使用、储存及管理进行有效控制，其安全性、稳定性有待进一步考证。仅凭这些零星的行政规章无法对隐私权保护工作提供全面的保护与管理，同时也不适于电子商务环境。基于电子商务的隐私权侵犯事件在进行判定的时候需要进行电子取证，因此需要特定的规章制度明确其法律效应，以便用于出庭作证。鉴于此，我国政府需要依据网络隐私权侵犯案件完善隐私诉讼法、采取相关保护措施，以确保电子商务环境的合法性、科学性。

（四）提高电子商务行业自律性

提高电子商务行业自律性也是加强电子商务隐私权保护管理效应的有效措施，电子网站需要依据法律规定加强自我管理，并结合行业特点制定消费者个人信息使用及保护管理政策，让消费者在使用网络平台的时候不再担心隐私泄露问题。通过 ISP 调控手段明确其在电子商务隐私权保护中的责任，如在用户使用线上平台的时候明确告知其隐私权限及风险规避方式；采取相关技术保护手段保障录入数据的安全、隐蔽；避免为了高额收益未经用户允许随意使用其上传的个人信息；在使用用户某些信息的时候，需要就其个人权利保护措施进行认真讲解；对于用户提供的信息进行公布使用的时候需要秉承谨慎、认真的态度。

基于电子商务的隐私权侵犯事件频繁发生，侵权手段更加隐蔽不易察觉，如何提高网络隐私权保护力度成为困扰电子商务发展的一大难题。明确隐私权法律地位、完善隐私权保护法律制度、提高电子商务行业自律性以及制定专门的个人信息数据保护法律有助于推动电子商务及信息网络发展，有效避免网络隐私权事件的出现。

第四章　信息时代背景下电子商务研究

第一节　自媒体时代电子商务信息不对称

近年来，随着网络的进一步发展，电子商务发展趋势良好，而电子商务自身的特点，使信息不对称表现得尤为突出。同时，自媒体在普通民众生活中扮演着日益重要的角色，人们不仅可以通过微信、微博等平台随时随地发布信息，还可以在各种自媒体平台上发表自己对商品的看法和意见，向网友们介绍某种商品的优点和缺点。显然，我们已进入了自媒体时代，再加上手机贴身性、实时性、交互性等特点，人们接触商品信息的渠道就更加多元化，如小红书、微博，等等。本节通过研究发现，自媒体时代很大程度上减少了电子商务不对称信息现象，与此同时相关部门应加强监督管理，注重提升民众的参与意识和素质。

一、研究背景

信息不对称源于对实体经济的研究，由肯尼斯·约瑟夫·阿罗于1963年首次提出。它是指在市场活动中，各类人员对有关信息的了解存在差异，信息掌握较充分的人员处于有利地位，而信息贫乏的人员则往往处于不利地位。而处在信息不对称的市场时，质量好的商品更易被质量差的商品淘汰，导致市场中都是质量差的商品。这种现象被称为“柠檬市场理论”。

现如今，我国电子商务市场发展繁盛。但由于我国网络购物方面的法律尚不健全，即使在电子商务蓬勃发展的初期，也无法全面有效地监管网购全过程，加剧了电子商务买卖双方之间的信息不对称问题，也不断出现商品实物与卖家披露信息不符的现象。并且基于电子商务的特点，信息不对称现象在电子商务领域更加明显。以淘宝网为例，它的确给人们的生活带来诸多便利，但产品质量、商家信誉、物流信息更新、售后服务保证等都成为人们网购中不顺畅的原因。

自媒体又称“公民媒体”或“个人媒体”，其作为一种“去中心化”的媒体，准入标准非常低，只要在网站或APP上注册并拥有一个账号就可以成为信息的发布者。因此，自媒体时代的信息发布具有私人化、平民化、普泛化、自主化的特征。随着手机网民的数量的不断增多，自媒体作为网络数字化时代传媒发展的新产物，为普通公民提供了更多发表观点的平台，使得信息传递更加便捷和广阔。普通民众可通过自媒体平台即时获取和发布信息，并迅速对周围人产生影响。同时网友通过点赞、转发等方式进一步扩大影响力。由此可见，自媒体时代的信息会对民众及经济社会等产生更加深远的影响。那么，自媒体时代的繁荣是否会对电子商务信息不对称产生影响，是本节讨论的重点。

二、自媒体时代对市场信息不对称的影响

（一）自媒体时代拓宽了买卖双方交流的渠道

减少了电子商务不对称性信息的产生。电子商务买卖双方在传统媒体时代基于网络进行交易时，买家仅能通过卖家发布出来的商品文字与图片来了解卖家的商品信息。而卖家在文字描述商品过程中，可能会使用一些含糊的词语，同时很可能会为了发布商品图片的美观，而利用 PS 等软件对商品的颜色、版型等做出一定的调整。这样一来，买家只能掌握较少的商品质量信息，并不能用肉眼直接观测到商品的质量，因此在质量信息上的不对称使买家处于劣势地位。相对地，卖家处于优势地位。根据“柠檬市场理论”，很多买家因此会较为谨慎进行网络购物，防止上当受骗。而现在借助自媒体的繁荣发展，很多商家可以在自家的个人账号上宣传商品，如直播等形式，能让买家看到更多、更直观和更准确的信息，减少信息不对称。另外，买卖双方直接交流，也可以使买家多方位全方面地了解商品，更大限度地打消买家顾虑。

（二）自媒体时代加大了个人舆论的影响力

减少了电子商务的不对称性。信息的产生在电子商务发展初期，一方面由于大部分网络开店成本极低，卖家并不担心无法收回成本，因而对信誉问题不甚在意。另一方面各大电商平台中店铺普遍存在“刷信誉”的行为，本意让买家对商品质量做出判断的“宝贝描述”评分其实没有想象中那么真实可靠，因而买家并不能得到准确的商家信誉信息，导致买卖双方存在较为严重的商家信誉信息不对称问题。而自媒体时代的“零门槛”、开放性、资源共享等特征为消费者提供了更多表达和维权的机会。

（三）自媒体时代给信息真实性提出了挑战

加大了电子商务的信息不对称的可能性。随着自媒体的兴起，本来错综复杂的网络世界变得更加多元化，信息内容更是爆炸式增长。由于个人利益诉求差异或群体素养水平参差不齐等原因，很多自媒体使用者自说自话，对于同一件商品的观点各不相同，甚至相去很远。还有，虽然我国网络实名认证已进行一定时间，但仍不能避免信息发布人的身份具有一定的隐蔽性，不能防止有人利用化名在自媒体平台上传播一些虚假信息。因此，网友在直接接触网络信息，尤其是自媒体评价和商品推荐信息时，应培养自身具备一定的科学文化知识和道德文化素养，同时要像“小马过河”一样，擦亮眼睛，提高自我认识、判断

及选择的能力。

三、减少自媒体时代信息不对称的建议

自媒体时代拓宽了电子商务中买卖双方交流的方式和途径，也增加了使用商品的消费者发言的频率和途径，很大程度上减轻了市场信息不对称的发生。但必须注意的是，自媒体的繁荣得益于科技进步和社会发展，同时也借助于普通民众知识文化水平和综合素质的提升。复杂的网络环境要求我国普通民众的思想政治教育更加深入透彻。我们可以利用自媒体时代的平台及环境的影响，重视对网民的引导和教育。

（一）发挥相关部门的监督管理作用

在丰富和复杂的网络环境中，电子商务信息纷杂且良莠不齐。另外，受金钱等利益驱使，不少网络推手刻意发表出不尽真实的内容，甚至与实际信息大相径庭。在这种情况下，为了净化网络环境，相关政府部门以及相应的电子商务平台，应加强引导。在相关的官方媒体上，积极引导自媒体参与者加强自身素质建设，同时要加强监管，尽早出台相关政策及法律法规，加大网警巡逻力度，营造一个干净、安全的电子商务信息环境。

（二）提升网民的认识和辨别能力

随着时代发展，与传统媒体时代相比，自媒体时代更加开放和宽容，拥有更多的发声渠道，也容得下更多不同的声音。但不容忽视的是，社会也需要形成一种新型的自媒体互动模式。近年来，随着教育的不断深化改革，民众的网络素养有一定提升，但这还远远不够。政府应积极引导民众提高认识水平，提高民众对网络上有害信息的“免疫力”。在自媒体时代，民众也应具有慎独意识，牢记“网络不是法外之地”，提升自己的素质，谨言慎行。对自媒体平台中的信息不盲信、不盲从，培养自己理性反思的能力。同时保持乐观向上的心态，主动践行国家倡导的社会主义道德规范。

自媒体时代不仅有利于电子商务买卖双方更加透明化地交流，也有利于推动社会的发展以及和谐社会的构建，但在自媒体上的电子商务方面应加强监督管理，注重提升民众的参与意识和素质，共同促进自媒体与电子商务相辅相成，协同发展，共同发挥出更好、更大的作用。

第二节　电子商务时代信息安全保护技术

随着电子商务时代的到来，传统信息安全技术已经无法满足日益发展的信息安全需求，无法实现信息安全的全面保护，这在很大程度上限制了企业经济的发展，导致企业建设受到严重影响。本节从电子商务时代信息安全保护需求出发，深入挖掘新时期信息安全保护的相关技术，对其应用过程中的注意事项进行探究。

传统信息安全保护技术只是实现了信息的“加密”，并未结合各项服务需求形成系统化、层次化的安全体系及安全层次，整体保护效果并不显著。电子商务时代信息安全保护要求对信息内容进行全面把握，在电子商务基础上形成针对性防范协议及服务层次，这是传统信息安全保护技术所无法实现的。因此，电子商务时代信息安全保护要引入新的技术，形成新的体系，从而实现保护水平的全面提升。

一、电子商务时代信息安全保护需求分析

电子商务时代信息安全保护的过程中要把握好保护层次，结合系统需求形成相应的人文安全环境、设置安全环境、逻辑实体安全环境、安全机制、安全服务、用户安全体系、商务应用安全结构等，这样才能够从根本上把握电子商务时代的信息内容，对其进行保护，降低信息泄露造成的经济损失，从根本上提升电子商务时代的信息安全效益。

基于新技术的信息安全体系需要在用户安全层满足用户需求，实现用户信息“加密”，形成相应的用户协议，对电子商务体系信息进行全面控制；电子商务应用安全层要能够实现应用控制，通过 Telnet、FTP、SMTP、SNMP 等协议簇构建相应的信息安全保护结构；传输层可以通过安全路由生成相应的访问控制机制，设置相应的密钥完成访问限制，防止不法分子窃取机密信息；网络层要在安全路由和访问机制上设置相应的 IP 协议，如 ICMP 协议、IGMP 协议、ARP 协议、RARP 协议等；接口层主要控制链路安全，可以通过非低层网络定义的协议实现。

上述体系构建时要把握数据加密技术、安全协议、身份认证等方面内容，对上述方面技术进行合理选取，针对具体的服务体系及服务设备形成相应的保护技术体系。要注重电子商务时代信息安全保护技术之间的关联，全面提升信息安全保护技术的配合效益，这样才能够从根本上提升电子商务时代信息安全保护质量，达到事半功倍的效果。

二、电子商务时代信息安全保护的主要技术

（一）基础信息安全保护技术

访问控制技术是信息安全保护中的重要组成部分。电子商务时代信息安全访问控制技术应用的过程中要把握好传统入网访问控制、网络的权限控制、目录级安全控制、防火墙控制、网络服务器控制、网络监测和锁定控制等，在上述基础上设置好防火墙控制体系，对访问中的各项证书资源进行全面监控，加强基于计算机技术的筛选、甄别及控制，从而降低访问漏洞，提升访问控制效益。在加密技术应用的过程中要对密钥进行合理筛选，结合具体加密需求设置私人密钥和公开密钥，实现数据的针对性保护。其中，私人密钥可以通过 DSE 算法进行构建，公开密钥可以通过 RSA 算法进行构建。入侵检测技术能够实现电子信息时代信息安全网络的监控，对其运行状态、参数状况、系统使用等进行全面分析，通过算法及入侵保护设备检测数据异常状况，确定是否存在入侵。一旦

出现入侵后会立刻切断网络连接，对事件进行报警。虚拟专用网应用的过程中可以构建数据封装系统，通过虚拟网络完成数据传输。而在认证的过程中能够借助认证技术确定交易身份的真实性、合法性等。这些均是电子商务时代信息安全的主要保护技术，也是信息安全保护工作落实的基础。

（二）新型信息安全保护技术

在对电子商务时代信息安全保护体系进行构建的过程中相关人员要把握好新型信息安全保护技术，对安全服务中的各项内容进行全面分析，完善针对性电子商务信息安全保护体系，从而实现信息保护效益的全面优化。当前新型信息安全保护技术主要包括 PKI 技术、XML 技术、P3P 技术平台、数字化技术、智能卡中间件等。

KPI 技术应用的过程中要把握好公钥理论，在该理论基础上形成相应的安全服务体系。该技术以电子商务中的关键知识与基础技术为核心，对信息安全进行全面把握，能够实现认证机构 (CA)、注册机构 (RA)、策略管理、密钥 (Key) 与证书 (Certifi cate) 管理、密钥备份与恢复、撤销系统等功能模块的有机结合，最大限度地提升电子商务时代信息安全服务质量。

XML 技术应用的过程中要把握好 XML 加密、XML 签名、XML 密钥管理规范 XKMS 等内容，对上述信息交换过程中的各项机制进行完善，形成基于 XML 上的各项信息安全保护体系。当前 XML 技术主要应用于 B2C 电子商务交易过程中，通过建立以 XML 安全标准为核心的安全传输机制，有效提升信息的可靠性、完整性、机密性和可鉴别性。与此同时，该技术还对安全协议进行改善，借助 KPI 公钥形成了 XML 加密片段，完成了 HTTP+SSL 传输，从根本上改善了电子商务信息安全保护效益。

隐私偏好平台 P3P 技术迎合了电子商务时代的信息需求，能够有效地提升用户对个人隐私的控制权，达到信息安全的全面保护，在当前电子商务时代信息安全保护中占据着至关重要的地位。该技术应用的过程中要对动态交易过程中的隐藏传输保护进行强化，通过用户设置实现信息隐私、告示与通信保护，达到了信息隐私安全保护质量的全面优化。

数字化技术主要包括数字水印技术、数字识别技术。数字水印技术主要应用在电子商务时代身份认证过程中，能够通过数字水印实现认证访问控制，构成相应的密码，完成数字隐藏和信息保护；数字识别技术主要通过信息技术完成数字信息的认证，通过密钥确定数字信息是否与协议一致，实现智能化身份信息识别。上述数字化信息安全保护技术对提升电子商务信息身份识别效益具有至关重要的意义。

智能卡中间件技术主要是通过智能卡实现信息加密、身份认证和电子支付等。这种安全卡主要通过 DES、RAS 信息加密算法实现，针对不同的密钥形成相应的智能卡中间件设置。上述设置主要包括智能卡中间件功能的设置、智能卡中间件开发流程的设计、智能化中间件免攻击保护设计、智能卡中间件小额支付加密设计等。随着电子商务的不断发展和深入，人们与网络之间的关系越来越密切，各项网络交易日益频繁。在上述背景下，智能卡中间件小额支付加密已经成为电子商务时代信息安全保护中不可或缺的一部分，但当前该技术仍不成熟，需要进行进一步深化研究。

在电子商务时代信息安全保护工作开展的过程中要对基本信息安全保护技术和新型信息安全保护技术进行全方位的把握，在上述基础上构建针对性信息安全保护体系，完善信息安全保护内容，从而实现保护效益的全面改善。要构建相应的组织结构，对安全保护人员技能进行提升，不断引入新的元素，对保护工作进行优化，这样才能够实现信息安全保护的与时俱进，全面推进信息安全保护工作发展进程。

第三节　大数据时代电子商务物流信息反馈机理

控制职能是管理系统形成闭环的重要环节，实际管理活动中重计划、轻控制，计划偏离、控制职能流于形式的现象非常普遍，反馈机制的不足已成为社会管理的阻力。除管理理论有待进一步发展和管理者能力不足外，管理过程中产生的大量数据的分析处理方法欠缺也是很重要的因素。随着互联网的快速发展，云计算成为大数据处理的重要方法，而手机、PC、移动终端等越来越多的创新技术使得各项社会活动转化为有效的数据，使更具时效性的反馈机制形成，整个社会的经济形态受到影响，反馈经济时代已经到来。

随着网络信息技术快速发展的反馈经济时代的到来，电子商务物流的增值服务更加多样化和个性化。电子商务物流作为电子商务企业和物流企业提高市场竞争力的关键，已经成为我国经济发展的重要动力。

一、电子商务物流发展历程

电子商务物流发展必然与电子商务发展同步，我国电子商务从 1997 年起步，目前正以惊人的发展速度和旺盛的生命力影响着我国的经济结构，改写着世界的格局，改变着物流业在社会活动中的比例。

（一）1997—2003 年：电子商务的兴起

这一时期，世界对电子商务还缺乏认识，信息通信技术匮乏，基础设施和互联网联通缺乏，互联网接入费用昂贵，法律和规章制度缺乏，电子商务人才严重不足。

1999 年，“72 小时网络生存测试”由 10 家媒体、梦想中文网联合主办以及 8848 网赞助，该试验历时三天。在这三天内，参与者完全通过网络来满足他们的需求。这一试验在当时引发了全社会的大震荡，不仅检测了我国电子商务状况，同时大大助推了电子商务网站的发展。“互联网生存试验”是开启我国电子商务的里程碑事件，预示着我国电子商务的兴起。

这一阶段我国典型的电商代表是 8848 网、当当网、易趣网和阿里巴巴，他们是第一批电子商务的践行者。经历了互联网泡沫破灭的严峻挑战，经历了浴火重生的考验。这一时期的电子商务企业较少，主要是 B2B 模式，物流以自营物流模式为主、传统大型快递企业为辅，如 EMS。2003 年经历“非典”后，我国电子商务快速回暖，应用电子商务的企业会员数量开始明显增加，更多的企业开始扭亏为盈。

（二）2004—2007 年：异军突起，行业领袖

经历了沉寂和历练，我国的电子商务企业粉墨登场，不过在这个舞台上绽放华彩的却只是那么几个典型代表。2006 年网盛科技上市，成为“国内互联网第一股”，并创造了 A 股神话。2007 年阿里巴巴上市成功，这两家企业的上市引发了电子商务的创业和投资热潮。自此，我国电子商务行业进入新一轮高速发展与商业模式创新阶段，电子商务网站数量也快速增加，电子商务物流也在电商企业和物流企业的竞争中衍生出更为丰富的服务形式与盈利模式。

（三）2008 年至今：洗牌时代，格局再造

这一阶段全球经济环境恶化，外贸出口受到极大阻碍。国家和企业转变战略，由出口转向扩大内需，由外贸转向内销。电子商务 B2B 模式与 B2C 模式在这一阶段获得新一轮高速发展，达到前所未有的繁荣。伴随着移动电子商务技术的成熟和拓展，手机购物市场高速发展，2012 年手机购物用户在半年内增长 59.7%，成为增长最快的手机应用。大众点评等团购分享类网站快速渗透，大大带动了电商网站的流量。

如果说电子商务与移动电子商务的发展相互促进，那么移动电商时代的到来为电商物流提出了新的挑战。一方面，传统电子商务的发展为移动电子商务的发展奠定了坚实的基础。传统百货企业加快拓展电商步伐，而电商网站进军移动电商领域，甚至将移动终端业务提升到战略高度。另一方面，随着智能手机等移动终端走入用户生活，手机购物正逐步被用户接受，电子商务物流创新服务，更富活力。

二、电子商务物流反馈特征

在我国，快递行业已经连续五年实现超过 27% 的增长，其中 50% 以上的营业收入来自电子商务。因此，现代物流行业的发展离不开电子商务，电子商务物流融合了电商和物流各自的特点，在反馈经济时代呈现出新的发展趋势和特点。

（一）反馈信息电子化

物流信息化、电子化是电子商务物流的基本要求，是以电子计算机为主、以各种电子设备为辅助工具的物流信息形成、传递、储存的管理方式，他不同于计算机诞生之前物流信息反馈主要通过书面、口头形式进行的传递和储存。物流信息作为企业信息化的重要组成部分，物流信息电子化减少了企业组织的差旅费用、提高了工作效率、降低了劳动强度、减少了污染和拥挤，等等。但是，电子化的信息出现了泛滥、甄别困难等问题，同时计算设备的损坏可能导致大量信息的损失等。在电子商务时代，要提供最佳的服务，物流系统

必须要有良好的信息处理和传输系统。

（二）反馈内容全面化

云计算的出现，为处理大量不规则的“非结构数据”提供了技术方法。以云计算为基础的物流技术，可以便宜且有效地将物流活动中大量、全面、多变的数据内容存储下来，并随时进行分析和计算。这些技术主要有数据采集技术、数据存储技术、数据交换技术、数据处理技术等。采集技术有传感器、扫描仪等，在物流中移动数据采集器 (MDE) 经常用于对仓库库存的盘点或者货架上预订数据采集，该技术在运输部门或者外部服务中也有重要的价值。另外，电子数据载体如芯片、程序化数据载体 (PDP)、移动数据存储器 (MDS) 及卫星接收发送装置，可以超越数米的距离进行读取、编辑和存储；电子数据交换 (EDI) 可以节省时间、提高质量和降低成本。物流信息技术是物流现代化的重要标志。

（三）反馈速度迅捷化

电商物流服务业不同于传统物流服务业，快速反应是电商物流企业的核心竞争力。电子商务物流重在提供及时的服务、信息和决策反馈。目前，在大型的配送公司里，ECR 和 JIT 系统使得顾客化服务得以快速响应。ECR 即有效客户信息反馈，据此可做到客户要什么就生产什么，而不是生产出东西等顾客来买。物流企业快速反应的影响因素主要有信息系统、顾客服务、时间管理、成本控制、物流硬件、协调控制和物流人才等。

（四）反馈信息社会化

在我国，企业甚至是上市公司信息披露不足，而数据、信息共享是电商时代的趋势和必然。因此，如何建立信息处理系统，及时获得必要的信息，对于电子商务物流企业来讲，是一个时代的考验，更是个难题。在将来的物流系统中，“24 小时送达”成为物流配送的极致追求，搭建社会化物流平台成为电商企业共同的事业。阿里巴巴从 2011 年开始规划的天网地网，就是要做一个信息平台，向物流合作伙伴开放相关信息接口以分享数据。数据服务是阿里巴巴物流战略核心，更是未来大物流系统的支撑。未来物流系统的输出内容——信息，可以当作独立的商品或者作为商品成分进行出售。

三、电子商务物流服务业的反馈机理

反馈是大数据时代物流组织，受社会需求推动，为了满足企业和消费者的个性化需求，运用收集、存储和融合信息的技术方法，引发的以数据化为核心的物流管理变革。随着互联网在经济与社会活动中的广泛渗透，将电子商务物流产业发展推向新的高度，其发展日益受到政府、企业、消费者和环保主义者的广泛关注。企业和消费者的满意度，取决于快速响应的物流管理系统。

（一）电子商务物流服务流程

电子商务物流服务流程，可以用图直观表示，通过流程图可以窥见电子商务物流的反馈流程和反馈形式。

不同的电子商务模式交易特点不同，但都具备总物流量大、服务范围广的特点，服务内容和服务特点基本相同，物流服务一般都采用第三方物流。B2B 和 B2C 电子商务物流的关键在于远程运输，而 C2C 的关注点在末端配送。

（二）电子商务物流反馈内容

电子商务物流服务内容涵盖订单管理和数据分析、仓储与分拣、运输配送与交付、逆向物流服务、回收物流服务和客户服务。可以说，电子商务物流服务内容有多广，物流系统反馈的信息内容就有多丰富。

物流系统会对顾客提交的订单相关数据进行分析，透过分析报告可以帮助制造商以及经销商及时地了解市场，便于随时调整市场推广方法；电子商务物流系统可以对仓储和分拣中心进行监测，提供有效的库存管理信息，使制造商或者经销商保持合理的库存；电子商务物流系统通过网络将供应链节点信息进行集成、整合，将实物库存信息化作为虚拟库存；运输配送与交付环节，通过融合多种终端技术采集物流信息并进行综合处理，增强物流企业对物流配送过程的可控性，消费者则通过互联网对配送企业和商品“宝贝”信息流动实时状态了如指掌；电子商务的逆向物流反馈服务关键在提高顾客满意度。当然，随着环境保护的加强，废弃物处置问题不断受到关注，物流系统必须提供回收服务物流服务，这有利于提高物流企业在电子商务市场上的低碳竞争力。追求客户满意，挖掘潜在需求是电子商务物流企业不断创新的动力。

（三）电子商务物流反馈技术

物流技术指物流活动中所采用的自然科学与社会科学方面的理论、方法以及设施、设备装置与工艺的综合。而电子商务物流反馈技术，主要指物流服务流程中物资信息的收集、存储和融合方法。先进的信息融合技术提高了物流系统的信息处理与控制能力，使物流配送信息的交互和处理跨越时空限制，通过终端物流信息反馈与融合，实现信息到实际操作的高速转换，为物流企业决策层提供信息支持，从而不断地提高物流企业的服务能力。常用的物流信息反馈设备有：各种传感器、GPS 定位设备、射频识别设备、扫描器等；信息融合方法有：嵌入约束法、证据组合法、人工神经网络法等；信息传输交换技术有：计算机网络技术、电子数据交换技术等。

四、对大数据时代电子商务物流行业发展的建议

大数据作为信息革命的第二个高潮，为电子商务物流行业的发展提供了广阔的空间。电子商务物流行业必须树立并强化数据优化行业的理念，以大数据的眼光，加强大数据研究，为客户提供更先进、增值性的服务。

（一）树立并强化大数据理念

现代物流的发展趋势是全球化、信息化、系统化、标准化和多功能化，而数据化则是现代物流的核心。当前电子商务物流体系虽然在业务经营中加强了对数据的分析和应用，但缺乏对大数据应用的战略性思考和主动挖掘意识。信息采集较多，但深度加工挖掘较少，导致大量的数据信息成为“睡眠数据”而不能发挥其应有的价值。客户细分不够精准，没有在业务营销和客户关系管理活动中运用科学模型，缺乏对客户服务需求的偏好判断和消费行为习惯的细分。在大数据时代电子商务物流的发展必须要有效整合大量的数据，通过各种分析模型，将数据转化为信息资源，只有这样才能将大数据作为战略性资产，为行业管理和决策提供强有力的依据。

（二）开拓新的数据服务市场

目前，电商业、物流业的发展呈现跨界竞争，电子商务企业进军物流行业，物流企业开发电子商务，行业间呈现交叉融合发展。当大家的目光还停留在究竟是做电商赚钱还是搞物流赚钱时，我们可将大数据看成一个大市场，联合电商业、物流业、银行业乃至通信业合作，通过各大行业间的数据存储、加工、分析、融合，形成大数据产品，提供大数据服务，开辟数据服务市场。

（三）构建大数据物流体系

构建大数据物流体系，就是电子商务企业和物流行业都要树立数据观念，从经营管理理念上重视大数据，在人才队伍建设上吸纳数据分析人才，从供应链条上强化数据信息的收集、存储和处理技术，对物流、商流、信息流、资金流进行计划和控制，也就是采用信息数据处理和融合技术对电子商务物流服务进行优化整合，打造准确及时且精细的高端物流服务体系。

第四节　电子商务时代的信息管理与信息系统

进入 21 世纪，信息资源成为经济和社会发展的决定性因素，生产知识和开发利用信息资源成为时代的特征。信息管理与信息系统人才是信息资源管理业稳步发展的基础，信息社会将呼唤大量从事该专业工作的人才。我国既缺乏从事信息采集、经济预测分析、数据处理、软件开发、硬件运行维护等方面的高级技术人才，更缺乏既通晓信息处理理论与技术，又善于经营管理的复合型知识结构人才。因此，对信息管理与信息系统专业人才的培养应提到相当重要的位置上来。同时培养信息管理与信息系统专业人才的高等教育机构如何造就新型的信息管理人才，使他们具有合理的知识结构及能力，以适应社会信息管理这一要求，成为当前应该考虑的核心问题。

一、信息管理与信息系统专业的历史与现状

信息管理与信息系统是一门集信息技术与管理科学于一体的交叉学科。早在 20 世纪 60 年代，一些信息技术发达的国家就开办了信息管理专业，最开始叫“电子数据处理”(EPT)，到了 20 世纪 70 年代就有了比较规范的专业名字，即“管理信息系统”(MIS)。现在，发达国家几乎所有大学都开设了这一专业，有的成立了信息管理学院。在我国，1978 年中国人民大学率先建立了对应的专业——经济信息管理专业。其后，差不多所有的财经院校以及具有经济管理优势的综合性大学陆续建立起了经济信息管理专业。与此同时，我国的大部分具有计算机及通信技术优势的工科院校从 20 世纪 80 年代初开始陆续办起了管理信息系统专业。通过 20 多年的发展，全国开办该本科专业的高校已达 200 所以上，且已有博士后、博士、硕士、本科、专科等多种层次。无论是国际，还是国内，信息管理与信息系统专业的兴起和快速发展已是一个客观事实。这表明社会对这方面人才是迫切需要的。可以预见，随着信息化社会的到来，这种需要还会不断增长，其发展前景是非常广阔的。

二、信息管理与信息系统专业的发展方向分析

（一）利用信息技术支持组织业务功能

计算机在管理中的应用领域包括事务处理、管理信息、知识工作、办公信息、决策支持、群决策支持以及经理支持等系统，这些信息系统针对组织中的某个具体管理功能（如生产运作、市场营销、财务会计、人力资源）。在这方面，学科的研究重点在于理解计算机应用的特定领域，以建立组织中应用复杂的计算机技术的基本逻辑。

（二）信息系统的开发过程和方法

该学科的另一个重要工作是研究如何以较低的成本建立可靠而有效的信息系统。早期其研究的重点是如何建造可靠而有效的信息系统，为组织提供更多的价值（提高运作的效率、提升组织的竞争力或创造新的价值）；随着软件技术的进步和商品化软件市场的形成，研究的重点逐步转移到信息系统的实施及相关的管理问题。

（三）信息系统的管理

早期的信息系统基于大型计算机主机，因此集中式的信息系统分析、设计和管理就是自然而然的事。此后，随着功能强大的微型计算机和软件的普及，如何管理分布式的信息系统功能就成为一个重要问题。同时，由于软件市场和信息系统服务的兴起，信息系统“外包”成为新的热点，为本学科提出了诸如“信息系统”的可控性、基于合同的信息系统供应。近年来，信息系统管理的研究课题反映了复杂的管理问题，其中包括信息系统的战略管理、信息系统的投资风险管理、信息系统引起的组织变革，以及全球化经济中的跨国信息系统

的管理。信息系统的管理问题研究通常是跨学科的，它涉及的领域包括战略管理、业务流程管理、全面质量管理、客户关系管理以及供应链管理，等等。

（四）信息系统在组织中的价值

尽管如今信息系统毫无疑问地被认为是现代组织运行的基本条件，但从计算机被引入管理领域起，就一直有人怀疑信息系统在组织中的价值。信息系统的评价，包括评价的准则、方法和过程，就一直是该学科研究的一个重要方面。事实上，早期用以代替人工的计算机信息系统的价值是显而易见的。它们的目标基本上是提高运作的效率而不引起组织的变迁，因此成本—效益分析就被认为是一个合理的评价信息系统价值的方法。然而，随着组织中的综合信息系统和战略信息系统的开发，问题就变得不那么简单了：信息系统的战略价值和无形的品牌价值等非直接的经济价值必须加以考虑。同时，信息系统的组织价值还面临着如下的问题：谁获得益处？是否其中的一些人员会失去位置？是否一些人员的权力会被改变？是否组织会因为信息系统的使用变得脆弱（如由于系统的故障、专家乃至运作人员的流失）？

随着信息系统引起的组织结构和业务流程的变化，传统的投资收益分析方法就显得更不适用了。人们必须从组织理论、社会学理论和经济理论以及信息技术的结合方面寻求答案。

（五）信息系统对社会和组织的影响

从该学科诞生伊始，人们就开始研究信息系统对社会福利、工作模式以及生活模式的影响。研究信息系统的成本、效益和风险对组织中或组织以外的不同人员的不同影响，不同的信息系统对组织的结构和业务流程的不同影响；考察信息系统对一国的社会经济发展的影响，对社会伦理道德的影响，对社会民主生活人的隐私和身份认同的影响等等，都是值得深入研究的重要课题。

三、发展信息管理与信息系统专业的建议

（一）坚持宽基础上的专才教育模式

信息管理与信息系统专业的学生首先应该掌握高等数学、外语、计算机科学和其他信息技术等基础知识，具有宽厚的基础，但不要求学生对各门学科知识都精通。同时该专业的学生应该精通信息管理与信息系统专业的基本理论、基本知识和基本技能，在这方面应该是专才。

（二）创造一个良好的社会环境

日本经济发展速度十分惊人，原因就在于其充分利用和挖掘了国内外的人才资源和信息资源。然而在我国，这种信念、观念和意识仅为一部分人的认识，不少人还处在朦胧状态。因此，强化信息意识，提高国民的整体信息意识便显得尤为迫切和重要。要充分利用

电视、广播、报纸、图书、互联网等一切传播媒介，大力普及信息意识，增强人们的信息智能，提高人们认识信息、吸收信息、处理信息和利用信息的能力，创造一个有利于信息服务人才培养的社会环境。

（三）加强教学改革，更新课程内容

信息管理与信息系统专业的设立目的是为了解决不断增长的社会需求与人们对信息利用相对落后之间的矛盾，为社会培养以应用型为主的信息管理专业的人才，而用户的需求和信息技术又是不断变化和发展的。对于有关信息资源开发过程及原理方法的核心课程，应具有相对稳定性，而由于社会因素、技术因素及学生因素又会使该专业在不同的时期具有不同的侧重，反映在教学上就是课程体系会呈现一定的变动性。

对于专业课，目前有许多信息管理方面的课程是新开设的，要加强对这部分课程的研究，制定详细的教学大纲，明确每门课程的教学内容，避免内容的交叉重复或遗漏。由于本专业是一个发展较快的学科，因此，要不断地将社会信息化进程中的有关信息管理理论与信息技术方面的新课题和学科发展中的新理论与新知识及时吸收到课程中来，从而使教学内容不断更新和完善。此外，要借鉴国外相关专业和学科的课程设置及教学内容。如美国、英国近年来在信息管理教育方面增设了许多有关信息技术、信息交流与人际交流以及市场营销方面的内容。有关现代化技术类课程，首先要让本专业的学生系统地掌握计算机软件与硬件、网络化知识；其次要在基础课中充实新技术研究成果。同时鼓励学生在学好专业必修课的基础上跨学科、跨专业、跨院（系）选课，其范围包括基础物理、基础生物、基础化学、实用写作、外语、汉语以及适应社会需要的市场信息学、企业管理、社会信息系统管理等课程。

（四）教师要有现代化教育思想，充分使用现代化的教育技术

教育思想现代化和教育技术现代化是推动教育现代化的双翼，它们相互影响、相互制约。实现先进的教学思想、教学模式和教学方法必须有先进的现代教育技术的支持；反之，为了引进和更好地应用现代教育技术，教师必须更新观念，努力学习现代教育理论，大胆地探索和改革教学模式。只有这样，才能积极引进和学习现代教育技术，并使之发挥应有的作用。

（五）加强专业实验室建设

我们可以采用按专业教育内涵、结合信息技术应用组织实验教学的模式，组建诸如知识信息组织、信息系统设计、信息分析模式、信息网络管理、计算机信息检索等专业实验室，一方面确保实验课程与教学配套；另一方面充分利用专业实验室对专业学生开放，提高学生的动手能力和创新能力。

（六）加快教师队伍建设和教师知识更新

我们面对的是日新月异的信息技术和不断变化的社会需求，一个缺乏优秀教师队伍的

专业是不能生存和发展的。在教师队伍建设方面，一方面要注重吸引其他院校有关信息管理类专业的硕士生和博士生到学院来工作；另一方面可以采取国内和出国进修、青年教师攻读有关信息管理类专业的硕士生和博士生研究生等方式，促进在校青年教师的成长。同时，在校教师必须注重自身知识结构的更新，保持科学研究及教学研究的活力，尤其要注意利用互联网加强同国内外信息管理、信息管理教育同行的交流，吸收信息研究新成果，以更新自身知识结构，提高研究水平，以科研促进教学水平的提高。

（七）注重素质教育，培养开拓人才

从当前信息服务业的蓬勃兴起，就业市场的拓宽来看：未来 21 世纪的发展前景，一方面，社会对信息管理与信息系统专业人才的需求普遍强烈；另一方面，信息产业就业市场上需要的不是传统的信息管理人员，而是既精通信息知识，又具有某些专门领域知识的“双料”专家，即既懂理论又有技术的多面手，尤其是社会适应性强的开拓型信息管理人才。这一需求对信息管理人才的培养和专业教育提出了新的挑战，同时也赋予了教育机构明确的培养目标和方向：拓宽口径，强化基础，着力培养学生和提高学生的社会适应能力和整体素质水平。

（八）注重与国际接轨

信息管理与信息系统专业教育的国际接轨主要是指：专业口径与专业设置，教学内容与手段以及人才培养技术规范与体系方面的接轨。信息管理与信息系统专业教育的国际接轨并不意味着从教育体制到教育内容改革中照搬发达国家的模式，而是要在专业教育的国际化发展中保持我国的特色，发挥我国的优势，确保有关教育与学术交流的渠道畅通，可以在新的环境中持续发挥其优势，以求与国际上本专业的教育同步发展。因此，正确处理并建立符合中国国情的专业教育体系和专业教育的国际接轨之间的关系是非常重要的。根据目前情况和教育面向 21 世纪发展的需要，可以考虑在优化我国信息专业结构中实现宽口径的国际接轨，着重于信息技术教学的国际化，以进一步完善专业教育体系。

信息管理与信息系统专业面对的是迅速发展的信息化进程，因此人才的培养是一个全新的课题，在没有操作经验可以借鉴、社会认知度不高的情况下，要做好人才的培养，必须在理论具有一定深度的基础上，认识一些问题。

第五节　信息时代背景下体育电子商务

体育从广义上分析是一个大的范畴，它与不同的学科、领域之间交叉、融通形成新的学科及门类，在信息化时代，历史赋予体育新的机遇。本节以现阶段为时代背景、以商务活动为视角，通过对体育在信息时代中的经济往来分析，提出构建体育电子商务平台；在研究体育信息资源的基础上，提出体育电子商务开发路径及建设策略，为体育产品发展提

供思路与借鉴。

在商业信息化时代，历史赋予体育新的机遇。信息时代的整合与沟通都是通过技术完成的，技术被证明是非常重要的，如果没有科学技术及信息技术产品，将无法想象当今社会是什么状态。

美国“信息水平”工程的首创者、美国前国家公共服务署首席信息官托马斯·巴克霍尔兹提出了信息时代框架结构概念，“框架结构的中心是目标、结果以及人们是如何达到目标和成果的。信息水平是一个表示素质的概念，是指人们制定和完成目标的能力。在确定目标和达到目标的过程中，人们对信息的运用起了主要作用。信息是一种需要管理的资源，信息资源和信息资源管理都从属于信息时代的框架。鉴于计算机、远程通信以及其他信息技术在人们生活中不可忽视的作用，故信息系统和信息技术也被列在此结构中”。信息时代框架的搭建，为我们提供了思考的方法与程序。

一、信息时代体育电子商务发展的必要性

信息时代，电子商务为信息化时代经济发展构建了一个平台。据商务部预计，未来五年我国电子商务交易额将以每年 20% 的速度递增。这预示着电子商务存在着巨大的机会和发展空间。体育电子商务目的更为明确，通过各种信息处理渠道来改变体育工作的方式，把体育作为一种产品、信息、资源或营销形式，将体育产业投入到信息化电子商务中，则体育产业的发展前景是不可估量的。

国家“十二五”规划首次将电子商务作为战略性新兴产业列入国家发展大计，并且明确提出了我国发展电子商务的主要任务，这也给体育商务活动带来了生机。

在当今社会，信息的多样化要求使每位体育工作者应接不暇，体育事业也在近年来发生了较大的变革，竞技体育和社会体育是整个国家体育系统中的两大子系统，在前人所取得成绩的基础上，体育发展了一些有前途的技术，在竞技体育中各国都有自己的优势项目，在政策扶持、科技研发上都具有领先优势，而社会体育也存在明显的服务优势。随着经验的增多、知识的丰富以及技术的进步，体育工作者还能够设计出更多、更新的形式来。

鉴于体育功能多元化和社会化的需要，体育电子商务平台的建设会使体育发展的过程得到整合，使其更紧凑、更合理，还能沟通体育同社会其他行业的联系，使其变得更加社会化。

二、体育信息资源的形式与管理

（一）体育信息资源的形式

体育资源是包括与体育相关的所有经验、知识、技术和理论的资源。它的形式多种多样，内容甚为丰富。

体育资源可分为有形资源与无形资源。体育场地、器材、书籍杂志、体育竞赛及表演

都可列为有形资源，无形资源最明显的是信息资源。同时根据体育资源的分布情况又可将其分为内部资源和边缘资源。

根据信息资源的形式将体育信息资源分为四种形式，包括决策信息、知识信息、普通信息和硬件信息，同时普通信息与硬件信息又称为基本信息技术。将体育信息资源划分为四类，是为了更好地区分体育大概念下的信息资源及在商务活动中便于利用与整合，有利于开发与经济往来。

其中基本信息技术（记录、保存、传播信息的技术）可归为技术资源一类，如为在校学生播放一段健美录像带，则所用的电视、录像机设备就属于最下一个层次，而使用的录像带等归于普通信息一类。

（二）体育信息资源管理

划分体育信息资源的分类和形成，可以使其在商务活动中从不同角度加以管理，成功把握机遇与挑战。一条单独的信息是有价值的，如参加体育锻炼者对自己所要锻炼项目的了解程度；多种信息的整合也会产生价值。必须对体育信息资源保护以保证其价值并延长其寿命。

体育信息资源的管理，可以遵循如下流程：无论个人或单位，首先需要获取新的信息，了解信息的内容，分析信息的可靠性与科学性，如果是可靠的信息，就应该保存下来；其次，与不同的其他信息联系起来，从不同角度获得新的理解，将这种理解去伪存真，与其他人和信息系统进行交流。当信息资源由量的积累达到质的飞跃时，信息管理就获得了成功。

中国学术期刊网“CNKI”网站，在教育部的支持下，已经成功地将近三十年来国内外各类著名的期刊罗列其中，成为我国现有的种类较多、内容较全、受众面较广的网上科研知识信息管理基地。

对于从事体育的人或企业而言，提高自身的管理水平，就如同提高产品质量一样，充分认识信息资源（产品）的完整性、即用性、便利性、安全性等特征，搭建各类体育信息平台，展开电子商务，就会得到其所需要资源的消费者的关注和重视，就会为体育电子商务的形成与发展打下坚实基础。

三、体育电子商务的形成

所谓电子商务，就是在网上开展商务活动。电子商务平台有利于体育产业的发展，体育资源的形式多样、内容丰富，通过网络虚拟机构来达成商务，这正是体育电子商务的基础。一个有共同的消费者认知的市场，将会走向商品标准化的形态。当今世界信息发达，信息网络技术被广泛运用于生产经营的各个领域，体育也完全可以作为一种产品采用营销手段创利。

本节指出体育可以通过以下路径展开电子商务活动：

通过东西部体育器材场地交易，达到各取所需、东西平衡的目的。在这种商务活动中，并不需要生产任何东西，而是通过交易来完成整个商务活动。

采用营销战略手段，在网上进行品牌运作。我国有众多体育用品生产企业，这些企业可与全球领先的互联网体育媒体公司进行全球性市场联合，在电子交易领域进行广泛合作，且通过体育传媒公司在网上推销自己的品牌及其产品。并与重要零售商联合经营电子交易，作为电子交易战略的重大补充。如某名牌体育用品企业可挑选数个名牌高校体育系部教研室共建网上主页，在提高名校声誉的同时，推广自己的品牌。

在社会体育发展中，建立电子商务模式。例如，可以在社区体育中引入电子商务，在网上点击可以得到关于雇请某社会体育指导员进行网上或实地的锻炼辅导，从而使生活在网络时代的社区消费者把握更自由的锻炼方向。在社会体育的活动中，其可创性空间是较大的，应把这种商务手段延伸到更广阔的范围中去，信息时代带给每位体育工作者的既有挑战，又有机遇。

自身采购。对于企业而言，网络营销开展一段时间后，开始可以看到一些效果，该企业的品牌在网上得到延伸，品牌价值增加。在网络营销中，产品和品牌的局限范围以适当的成本被打破，价值得到了无限的延伸。就“耐克”世界知名企业的网上行为，可以看到网络电子商务带给一个企业的无限活力。耐克利用互联网的互动性和图形功能制作了旗帜广告和一个网站设立网站的目的是建立知名度并传达产品信息，“耐克”有四个不同版本的广告轮流投放在网上。为了吸引年轻的访问者，网站使用了各种设计元素，如挖苦式的导语、嬉皮音乐、游戏式的表现方式和多彩的形象等。

运动人才流动。打破中国竞技体育发展障碍，建立人才流动信息网。在我国，竞技运动员的发展不能很好地体现自身价值，人才资源丰富的地方，资金匮乏、训练力量短缺，而有些经济发达地区有良好的训练条件、充足的资金。近年来，我国加大体育人才市场的建立与发展，完善了相应的法规与条例。但由于东西地区差异，信息滞后，导致人才滞留比较严重，体育电子商务可以突破这种“瓶颈现象”，让二、三线的优秀运动员参与竞争。

体育电子商务开发策略如下：

第一，在体育信息资源的管理中，要把握好坚持国家的既定方针、政策，以实现国家总体目标为着眼点来制订计划，不能脱离实际情况，不顾国家利益。

第二，促进体育电子商务的应用与普及，解决信息基础设施的建设的问题，加大网络软、硬件投入，改变体育自身技术与管理模式。宏观上，要社会整体建立一个能够支持体育电子商务的市场环境；微观上，实现体育自身信息化，才能有能力介入体育商务环境。

第三，广大体育工作者进行电子商务培训，传授电子商务知识，在电子商务的模拟环境中进行实践操作，并加强向成功企业的学习。

第四，体育信息资源的划分是由低到高的递进分层，信息资源的交易与往来需要在不同等级搭建平台，在对等的条件下开展电子商务。因此，体育电子商务的发展在我国是一项需要改变思维以求发展的项目，要以信息资源为中心，同时以顾客的角度和心理层面考虑体育产业的需求。

第五，电子商务与体育产业必须在现有的优势上，做到相互融合。当前，由于我国电子商务的发展关于在线与线下的区分太过明显，不少体育产品生产企业在线具有知名度，但线下服务竞争不如传统产业；而在线下具有优势的传统产业，虽能给消费者提供良好的体验，但在线不知道如何运用互联网的优势。

第六节　电子商务时代下物流企业库存信息管理

随着电子商务的迅猛发展，物流业的地位提高了，而对于物流企业的服务也提出了更高的要求。作为物流业的关键环节库存管理则势必要实现信息化、一体化。本节根据电子商务背景下库存系统的设计目标，探讨库存管理信息系统所需构建的功能模块，即入库系统模块、仓储管理系统模块和出库系统模块等。

信息技术的日益更新带动了互联网突飞猛进的发展，而依附于互联网技术的商业模式也逐渐得到推广、认可，并给人们的生活带来了翻天覆地的变化。电子商务时代的到来，不仅为我们的生活带来了便利，增添新的购物乐趣，更带动了与电子商务相关的各行各业，创造了许多就业机会。物流业作为电子商务顺利进行的必要保障，正随同这样的背景一起，从传统物流向现代物流转变，物流的作用被强化。而库存系统的有效管理是物流企业利润的重要来源，随着电子商务的普及化与流行，物流企业即将甚至已经面临库存爆满的问题，因此如何有效管理库存系统，建立与电子商务环境相匹配的库存信息系统是十分有意义的研究内容。

一、电子商务对物流企业库存管理的影响

（一）电子商务对物流企业的影响

电子商务实质是由信息流、资金流、物流的流动来完成的，电子商务与物流密切相关，它的革新与发展给物流业带来了全面且颠覆性的影响。首先，在地位上，电子商务时代的到来使得市场的竞争不再是比较企业自身拥有多少物质资源，而是能够协调、利用并整合为自己的资源有多少，这是供应链一体化下企业的核心竞争力。而物流不再是一个被动的角色，它是拉动电子商务的主要因素，随着物流企业在各功能上的完善，降低运输、库存等环节成本，提高服务质量，势必会提高人们对网上购物的需求。其次，电子商务的实现全程离不开互联网，这也使物流企业逐渐走向数字化、信息化，如在库存管理方面，物流管理的重点要从对有形商品的管理转为对库存信息的管理、对信息技术的掌握。还有，网上购物的便利拉近了供应商与顾客之间的距离，也提高了顾客对物流的要求，即需要及时、准确地将商品完好无损送到顾客手中，因此，面对日益加大的配送压力，物流业不得不对现有的站、港口、仓库、配送中心等进行调整，优化路线以及设施布局等。此外，电子商

务时代的出现使得物流业面临着一次重新洗牌，即不能适应信息化、数字化的物流企业、一些规模性无法成效应的物理企业将被淘汰出局。而物流企业一方面要为产品生产商库存商品，另一方面需要将网上虚拟的购买行为成为实体的商品送到顾客手中，是整个供应链中的协调者，地位举足轻重。

（二）电子商务对企业库存环节的影响

库存环节是物流企业的一个重要环节，电子商务的蓬勃发展在对物流企业产生影响的同时，更对物流企业的库存管理提了出更高的要求。一方面物流企业作为一个流通环节的服务商，它的目的不是像制造企业一样生产产品，而是通过它的调配运输将产品更好更快地送到顾客手中，是提高网上购物质量的关键一步。这意味着它将不再是以前独立于制造企业之外的企业，单单提供运输服务，如今，它已成为电子商务企业的一部分，嵌入企业整个生产销售环节中，其中的库存环节的有效管理也成为商务企业的核心竞争力。另一方面，电子商务将企业原有的封闭的系统转变成一个开放的系统，同时促使物流企业不再孤军奋战，而是嵌入这个大网络中，实现信息共享，保证信息获取的及时性、有效性。这也就要求物流企业对库存环节进行虚拟化管理，并保证库存信息系统的兼容性和集成性，利用数字化技术提高库存在仓储、调配等方面的管理水平，适应电子商务时代下产生的庞大库存信息。

二、电子商务时代下物流企业库存信息系统的设计目标

正如上节所述，电子商务的发展不仅对物流企业起到了带动作用，更对物流企业中的关键环节——库存管理提出了更高的要求，因此，对库存环节进行信息化管理，提高管理水平，首先需要设计出适合电子商务背景的库存管理信息系统，而第一个要确定的是库存管理系统要实现的目标是什么。

（一）物流库存信息系统可存储并提供大量的信息

电子商务模式让许多实体交易变成了线上交易，采购者可以买到全球的商品，而不仅限于国内。且随着网上消费的群日益庞大，流通货物的量也迅速增加，这些的实现离不开强大的物流。因此，物流库存系统必须为物流企业提供大量库存内商品的信息，包括入库、出库、存储期限等；也要为制造商和采购商提供流通过程的信息，是否已入库、存库的状态或者已出库等信息，实现生产、物流、销售各环节的信息共享，提高管理效率。

（二）利于实现库存系统的规范化管理

所设计的物流企业库存信息系统要根据具体库存管理的规范，以便于企业的操作、实施与监督。如根据所服务企业的类型将仓库分门别类，确定商品具有单号、名称、入库日期等信息才入库，并利于查询货物入库、出库或准备进行入库、出库的信息。

（三）库存系统可实现信息共享

因物流企业是电子商务这个流程中的一个环节，所以需要确保物流企业的信息与所服务的企业的信息的沟通无障碍。通过库存系统与所服务企业的内部系统进行信息交换，及时掌握货物的状态，是提高应变、减少失误的有效方法，并有利于仓库空间的合理利用。

（四）库存信息系统要利于实现库存的合理化

库存管理信息系统就是要实现尽量从空间上、时间上合理高效地利用仓库，一方面要进行空间布局，在不影响货物安全存储的情况下保证仓库空间最大限度地利用；另一方面进行合理的时间规划，减少货物积压、滞留的时间，这不仅可以降低管理成本，也是提高服务满意度的关键。另外，进行有效的装卸工作和运输任务，使之不影响到仓库管理的计划，以及方便制造商和顾客的信息查询也是不容忽视的。

三、电子商务时代下物流企业库存信息系统的功能模块

物流企业信息系统并非同一模式，根据服务对象的特点和需求，也可以构建出不同的系统功能模块。在电子商务时代下，物流企业所采用的库存信息系统需要符合这个电子商务企业所具有的特殊性以及这个商业模式与传统模式的差异性。根据设计目标，且保证物流企业库存系统具有一定的通用性和兼容性，这里将物流企业的库存信息系统模块根据库存的流程主要分为入库信息系统、仓储管理信息系统以及出库信息系统。

（一）入库信息系统模块

货物进入仓库是库存管理的第一步。根据规范化管理要求，入库这个过程包括运输、卸货、运货、数量清点、货物检验、存放整理以及入库登记等手续。物流企业根据客户的要求，按照入库手续准时接收、存放货物。其中库存信息系统需要完成的任务有根据客户的入库货物信息安排接收的物流车、存放的地点、搬卸的员工、确认货物入库以及更换存货地点等。具体来说，有以下几个功能：

安排人事与库存地点。库存信息系统先从客户方得到货物库存管理的订单信息，再根据订单内容安排订单接收负责接收、搬卸的员工以及入库时摆放的位置。

货物接收。在货物入库前，对货物数量进行清点之后，要与库存信息中的订单信息进行核实，确认无误后再进行入库的下一步。

货物存放指导。库存系统通过计算机优化为搬货的员工提供货物存放的指示，保证空间的合理利用。

入库确认。在货物存放好后，库存系统要对货物的相关信息进行登记，包括货物的数量、名称、入库时间和地点。若存放的地点发生变更，信息系统中仍要进行记录，以确保信息的准确性。

最后是生成会计信息。即完成入库管理的最后一步，将已接受入库的货物转化成企业

会计系统所用的会计信息，如货物运输账、库存账，等等。

（二）仓储管理信息系统模块

仓储管理是库存管理的一个重要环节，因货物在物流企业仓库滞留储存管理，物流企业势必承担货物丢失、破损等风险，因此有效保证货物的安全以及保持其原有价值是物流企业高质量服务的体现，也是最有难度的一项工作。而在这环节库存信息系统需要对已入库的货物进行检索、及时告知仓库的最新状况，如提供是否即将满仓或仓库还有很多空余空间尚未利用等信息。

库存检索功能。即为了确保客户需要运送的货物安全准确，在货物入库后，系统需要提供一份货物入库的数据给检验人员，以便检验人员在检验仓库货物时进行核实，并做检验登记。检验人员不仅不需要对货物的数量进行核对，还需要检查货物自身包括包装在搬运时是否受损、受损程度如何。若有运货过程中被损坏的货物要登记到库存检索系统，以便真实反映库存现象，同时保护客户利益，让客户有知情权。并对造成损坏的原因进行解释，对客户提出退货补货的要求及时记录信息并加以满足。

库存预警功能。即当仓库的环境出现危险的可能时，如烟、火或漏水等情况时应及时发出警报，降低仓储货物的损失。除此，库存系统还可以查出各时点仓库的使用情况，通过查询库存目前使用的最大量和最小量对仓库的利用率进行判断，既不让仓库过于饱和，影响安全，也尽量减少仓库使用量过低而造成的浪费。

（三）出库信息系统模块

作为库存管理的最后一个环节——出库，同样不能忽视，它的目标就是将仓储的货物及时、准确、零损失地送到消费者手中。这个环节系统模块要完成的就是检验出库的货物，包括数量、名称、完好程度、派送地点等各种信息的记录；另外根据出库的货物的数据对货物进行分类处理，降低运输成本。

出库信息汇总。这是出库管理的第一步，即要求库存系统要将即将出库的数据进行汇总，将出库货物的数量、名称、出库时间、送往地址等信息编辑成一出库单，并根据配送路线、运输能力进行分配，给出货物出库分配运输的方案，提供给企业参考。

货物分拣处理。在汇总的出库信息出来之后，操作人员根据系统提供的拣货清单进行货物分拣处理，将出库的货物分别搬运到分货架，将拣货清单计入库存系统。

确认出库。根据库存系统出库货物汇总以及拣货的数据，与库存货物减少的数据进行对比核实，确认出库的数据、出库的货物数量、类型是否和要求出库订单一样。最后将分拣的货物运出仓库，在出库时系统地读取货物的条码，做最后的出库确认，然后将货物进行分类配送。

内部数据传送。在完成出库任务后，库存系统要及时将出库订单、拣货清单与出库确认信息传送到企业内部系统进行处理，形成最后的会计数据、交易信息等。

（四）注册登入系统模块

除了库存过程的这三个功能模块之外，库存管理系统还需要对外来人员进行核实，即建立注册登入系统模块。这首先保证了库存管理系统的安全性，若完全对外会造成难以管理，并造成数据丢失、被盗等风险，所以需要对企业外部的访问者的进入进行阻拦和身份核实。另外，为了实现信息共享，对客户开放提供便利，库存系统可对客户提供查询账号和密码，以利于客户随时了解自己货物的情况，维护顾客的知情权。

第七节　信息时代下电子商务的特点之分析

在被信息充斥甚至近乎信息爆炸的时代，人们利用高科技创造了无数令人惊叹的“信息产物”，电子商务就是其中之一，电子商务在传统商务的基础上产生，并且在竞争条件如此激烈的条件下能够一点点成长直到现在被大部分人所接受，一定是有它自己的优势，但当人们在看好电子商务的同时，它所带来的弊端又让人们担心电子商务的未来发展，同时对传统商务持积极态度，不管怎么样，它们能在残酷的竞争下获得“胜利”，我们就需要客观地分析和比较它们。

一、电子商务发展背景

（一）21世纪是信息的时代

21世纪注定是一个不平凡的年代，21世纪是一个被现代科技、信息所充斥的时代，正是因为如此，知识结构也会相对复杂，身处21世纪的人们也要顺应时代的变化，对自己的内涵内在进行相应的调整。在这样的一个大要求下，当代社会也孕育出了各种各样的高科技东西，电子商务也随之孕育而生，当然电子商务是在传统商务的基础之上发展而来的。

（二）时代的转变促使社会产物的改变

传统商务的历史可以追溯到古代。在古代，我们的祖先就知道了等价交换，如用三把石斧去换取一只家里正缺少的山羊，用贝壳去换取另外一些自己需要的东西，从而逐渐演变成现在大家都用纸币来购买商品的货币制度。现在人们买菜、逛街购物、买房、买车绝大部分都是利用现金交易，当然刷信用卡之类的在笔者的理解当中是一种间接的现金交易，因为卡只不过作为一种媒介将现金储存在里面罢了，刷卡还是相当于将身上的现金直接给了商家。这样的传统交易虽然是方便、直接的，但有时候也会让人不安心，当买卖双方在进行一笔大的交易时，他们可能不想让这一过程公开，一旦买卖双方面对面洽谈与交易时，自己的隐私如身份、地位、资金的多少都有可能被暴露出去。隐私一旦被外人知道不仅侵犯了买卖双方的权力，甚至有可能让买卖双方的生命受到威胁（不排除被非法分子知道后，利用买卖双方的生命对其家属进行勒索的情况）。现在科技的日新月异，使得地区与地区之间再无阻隔，因为高科技使得人们的出行更加方便，出门不用走路便可以到达目的地，可能就是因为这样的方式助长了人们的惰性，很多人不再愿意为了一件小商品而跑那么远的路途，因此人们的这种需求更加促进了电子商务的产生。

二、电子商务的基本概念

（一）现代社会对电子商务的定义

电子商务有两个名称 e-business，e-commerce。前者指的是电子业务，后者指的就是电子商务。电子业务强调生意、交易、商业、营业、行业，而电子商务单纯指商货买卖。所以一般来说电子业务的范围比电子商务的范围要广得多，而现在我们所指的电子商务也主要是指 e-commerce。电子商务通常“是指在全球各地广泛的商业贸易活动中，在互联网开放的网络环境下，基于浏览器 / 服务器应用方式，买卖双方不谋面地进行各种商贸活动，实现消费者的网上购物、商户之间的网上交易和在线电子支付以及各种商务活动、交易活动、金融活动和相关的综合服务活动的一种新型的商业运营模式”。

（二）电子商务的四种基本模式

电子商务有四种模式：B2B、B2C、C2C、B2M、B2B，B2C 与 C2C 是我们接触得最多的电子商务模式。

B2B 模式是 Business to Business 的缩写形式，这种模式主要用于大型企业之间商品交易活动，阿里巴巴网站就为企业与企业之间的交易提供了很好的平台，B2B 模式很好地解决了企业交易中由于交易金额大、买卖方身份特殊所带来的问题。

B2C 模式就是 Business to Customer 的缩写，这种模式的典型代表就是“卓越亚马逊”，它是商家通过网络这个平台直接向卖家提供商品，一方面节约了商家的大笔费用，另一方面也为消费者减少了买东西出远门的痛苦。

C2C 模式就是 Customer to Customer 的缩写，顾名思义，它就是指两种顾客之间的交易，其实就是两个“个体”间的交易，这里的卖家在这种模式中也被称为“Customer”，它没有形成像企业一样的系统化的运行模式、管理模式，没有制度化、规范化，它仍然还是散漫的，在淘宝我们就能享受到这种模式带来的服务，在输入你所需要的商品过后你会看到很多家商铺都会提供这种商品，此时就需要消费者自己把握了。

（三）两者的优势

对于电子商务与传统商务，不同的人持有不同的看法，正所谓“萝卜白菜，各有所爱”。这两种商务模式之所以能够并存是因为它们都有自己的市场，都有自己的目标客户，它们利用自己各自的优势在吸引着客户。

1. 传统商务的优势

首先对于传统的电子商务，它要求人与人之间有互动，消费者在直接面对商家时可以对该产品做出及时的评价，能够让消费者在对商品做出正确判断后能做出一个选择，到底是买还是不买，这样能使消费者做出正确的判断，避免不必要的损失。

对于商家来说，顾客就是上帝，就是在顾客不经意间的评论中，一个敏感的商家会从这些看似琐碎的评论中发现商机，思考提炼并且完善自己的产品，尽量满足顾客的要求，使自己更具有竞争力，但传统商务中对商品的评价一般都是口头上的，不具有时效性，商家可能刚刚还觉得具有建设性的建议，在忙碌的工作中会逐渐遗忘。

2. 电子商务的优势

它可以"让消费者参与管理，消费者以书信或电子邮件的方式将意见和看法投到零售企业的专门信箱，当零售企业派专门人员将这些意见及时审阅处理并用以改进工作时，消费者就具有了管理者的意义"。电子商务面对着一批"年轻"的客户，这些客户在信息时代受到了高科技的渲染，喜欢尝试新鲜事物，因此电子商务给当下所谓的"宅男""宅女"们提供了不少的便利，很多东西足不出户就可以搞定，如果想买衣服，鞋子或者其他小东西，直接打开电脑连上网就可以在网上购买，甚至连充话费、缴水电气费和一日三餐的问题都可以在网上解决，很多饭店都有自己的网站，在网上订购他们的产品的同时还能够享受他们的折扣，这是商家促进其电子商务的一种手段。对于商家来说这种方式可以使他们减少在实物店的开销（聘请更多的员工，实体店所需设备等所花费的资金）；对于很多想创业的人来说，网店是他们的选择。开网店的同时也省去了很多中间环节，至少省去了一级批发商、二级批发商的转手，这样更是大大减少了商品直接面向顾客的价格，价格虽然很低，但是商家所获取的利润依然可观。从消费者的角度来说，网店的出现也为自己节省了一大部分资金，对于一部分喜欢逛街的人来说，网店又有一个好处，就是出门之前在网上搜索你要出门购买的物品，便可以知道这个物品在市面上的价钱，好让自己有个准备，不至于出现"资金匮乏"的窘境。对于大部分不喜欢逛街的人们，网店更为他们提供了便捷的途径——不出门，不费体力便可以购物。电子商务在任何时段用户都可以体验，它没有时间的限制，24 小时全天提供服务。

（四）两者的弱势

就像英语常说的"a coin has two sides"，无论什么东西，优点再多，也总会有那么一两个缺点。

1. 传统商务的弱势

商家所出售的产品往往不是他们自己本家所生产，一个产品从生产到出售要经过很多个代理商，很多次中间商的转手，中间商会从中获取利润，因此产品的最终价格会是成本的几倍。消费者面对一些价格偏高的商品时就会考虑它的性价比的高低来决定购买与否，当消费者面对自己喜欢的东西但是却购买不了时，这样不仅对消费者造成了"软"损失（即无法满足自己的愿望），也对商家造成了“硬”损失（商家的利益直接受损），这时传统商务对于这类消费群体不再具有吸引力，他们就偏向于利用信息技术所支撑的电子商务模式来完成自己的购物。传统商务具有地域限制、时间限制，不能及时给用户提供服务。

2. 传统商务的弱势

首先要进行电子商务就必须要求消费者具有一台能够联网的计算机。其次还要掌握计算机的基本功能，这可能对于学生或者生活在城市的人是十分容易实现的，可能一部分人连计算机都没有用过，因此电子商务的盲区就在于此。第三，电子商务可能让黑客乘虚而入，因为用户在进行电子商务的时候需要进行私人信息的交换，比如我们在办理网上银行的业务时，服务人员需要当事人身份证号，以及涉及隐私的信息交换，并且在进入网上银行的时候，也要求输入身份证号和密码，有时候甚至需要输入银行卡号和银行卡密码，这样重要的信息有可能被黑客盗取用来从事非法活动。所以在使用电子商务的同时，就需要用户具有自我防范的意识，在体验现在高科技信息技术所带来的便利的同时，也要意识到自身安全。

（五）关于相关法律问题的规定

（1）传统商务的法律问题。对于传统商务来说，它的贸易合同都是书面化、实体化，是通过当事人的亲笔签名或者盖章来完成分身确认的，因此传统法律法规是认可这种实体化的身份认证。

（2）电子商务带来的法律问题。电子商务产生之后，进行的都是无纸贸易，电子合同、电子签名都屡见不鲜了。从法律的角度来讲，也要相应地增加对于这类用于网络商贸的信息的法律条例，但是对于网络安全问题，认证机构的权威性都是现代法律所要解决的问题。“产品更新速度不断加快，每个企业都想知道消费者的习惯，从而大力收集消费者的资料，从而了解消费者对本企业产品的要求，然而，如何保障在网上交易的企业和消费者双方的权益，目前已成为一道难题摆在了现有的法律面前，消费者订货付钱后企业不送货上门或企业送货上门后，消费者否认曾经订过货等诸如此类的情况该如何处理，现有的法律并无明文规定，也正因为如此，它也越来越成为电子商务进一步发展的障碍。”

在信息高度发达的今天，我们能体验各种高科技产品所带给我们的便利，但是并不是所有高端产品都能一直让我们满意，电子商务亦是如此，它能给我们节约大量时间、大笔花费，但是我们的隐私却可能在这种便利之间悄悄“溜走”，相信一部分人又会觉得我们传统商务更保险。不过，不管怎样，它们都并肩走了这么久，正是因为它们互相弥补了对方的缺点，我相信它们还会走得更远，共同为人们提供更多便利。

第五章　信息时代背景下电子商务的组织研究

第一节　基于电子商务的智慧农业发展

2015 年李克强总理提出“互联网 +”的新型概念，这是现代思维理念与互联网方面结合而产生的成果，在目前的信息时代，农业、农副业产品的生产不再被限制地区，不再被运输限制。通过电子商务、大数据、云计算，促进农业、农副业生产经营的良性发展，从而建立农业智慧经济体系，农业产品也从电子商务等运作体系上得到了更好的发展，我国的农业经营体系更加完善，逐渐走向规范化、平台化。

一、电子商务对于农业的作用与改变

传统农业经营的弊端。我国一直是一个农业大国，大部分的农村都在经营着水稻、水果等农业、农副业产品，而这些作物在以往的经营方面存在着很大的弊端。运输方面，传统的经营模式对于运输的时间要求很高，同时农业从业人员没有更好的经营平台很难将生产的产品销售出去，容易导致滞销。还有传统的农业农副业有着很大的地区性限制，同一地区的农产品生产过多会导致这一地区的农业人员无法盈利甚至导致亏损。同时销售渠道的单一也容易导致农产品滞销，农产品的保质期限短，滞销导致农产品的严重浪费。

农业电子商务对于农业的作用。电子商务是现代互联网经营的新概念，而农业电子商务是以农产品、农副产品为基础，主要涉及农产品的生产、经销、支付、售后、物流等方面。以互联网为平台，农业产品可以得到更大的经营空间，产品的经营不再限制地区。同时借用互联网技术，农业经营的支付等方面不再烦琐，同时对于客户而言，农业电子商务有利于农产品的信息沟通从而了解信息，避免了信息不对称而造成的损失。

电子商务对于农业的发展改变。传统的农业经营过于依赖店面的位置、经营的渠道、经营地区的供求，而电子商务对于农业经营来说没有这些限制，商家通过农业电子商务 O2O 模式既可以满足大部分消费者的需求，同时能减少实体经营所产生的成本和时间。O2O 模式的最大亮点就是生产者可以和消费者直接面对，可以最直接最快捷地了解互相的需求，从而达到消费或经营目的，同时也能大量节约经营过程中产生的不必要的人工费用。

二、农业互联网经营的主要模式

经营中的 O2O 模式。O2O 是生产者直接面对消费者的经营模式，生产者可以通过这样的互联网经营模式直接将自己的产品资源、质量、价格等直观地呈现给消费者，同时消费者也可以直观地了解消费产品的具体信息。对于消费者而言，O2O 的模式更加的便捷，减少了外出购买、挑选等时间成本和通过经销商的消费成本，使得购买信息更加的直观，购买体验更加的便捷。

电子商务中的社区经营模式。互联网的社区即是公告栏、群组、各大互联网平台等，并提供社区成员沟通的平台。目前的互联网社区主要模式有 BBS、Usenet 以及 MUD 等，而我国大多数的互联网社区模式都是通过 BBS 的模式组建的。电子商务可以充分利用其他的同步信息来形成可供依靠的数据进行社区发展与管理，农业电子商务的社区模式很大程度上可以使企业或者个体经营者快速且充分地了解掌握市场需求。同时对于我国的农业生产经营活动来说，互联网的社区模式可以更好地与国际接轨，充分发挥农业电子商务的优势，更好地抓住国际市场的商机。

互联网信息综合服务。电子商务的信息综合服务主要是网站的建设、维护，而农业电子商务是通过有关农业技术、经贸等，由互联网社区向农业从业人员提供更加多元化、有效的信息、技术和所需的服务。这种服务模式更好地解决了我国农业发展中的许多困难和需求，能更加便捷地获取信息流、商机、资金流，同时也能规避互联网电子商务中可能产生的多余环节，使得信息的传递更加得迅速与精准。

第三方代理模式。在互联网经济中，第三方交易属于线下与线上之外的交易模式，即 B2O 模式。这种交易模式便是交易双方将交易活动交由第三方中介来完成，这不仅可以提高交易的信任度，还可以有专业人士精准引导电子商务的互联网交易流程。通过这种交易模式可以获得更多准确的相关信息，能促进并提升产品在互联网电子商务交易中的品牌影响力。

三、农业电子商务的发展状态

电子商务模式的创新。在互联网高速发展的时代，在云计算、数据等技术不断发展的影响下，商务的发展也促进了互联网与信息技术的紧密结合，而我国最重要的农业也应该积极地参与到互联网经营中来。目前以“互联网 +”的现代网络技术模式在我国被广泛运用，人们的观念在逐渐改变，同时商务的发展模式也要进行发展与创新才能更好地参与市场竞争。作为一种全新的经营模式，电子商务可以有效地提升市场经营的竞争力，更好地为经营模式的改革、创新、发展提供更大的平台。

农业电子商务新政策。在“互联网 +”的发展模式下，由政府有关部门牵头，引导农业生产者接触电子商务。构建农业电子商务平台，创建农业电子商务发展环境，并以乡镇或者村为单位开展，地方政府结合农业生产需求为生产者构建专业化的服务，以满足农产品、农副产品的种植、养殖、销售、市场供求和互联网交易等需求。

四、实现农业电子商务发展路径

构建安全有效的平台。选择，构建合适、安全的信息互联网平台，对传统农业生产经营活动进行有效的改造是必不可少的环节，使产品信息更加的透明化，有助农产品的安全性，提高农副产品的使用效率。加大农业信息化的基础设施投入来减少互联网运营成本，加强地区的网络信号普及，缩小地区网络信号差距，为开展农业互联网平台提供技术性的支持。

解决农产品运输配送限制。农产品的运输与配送一直是农业生产者们需要解决的重要问题，构建更安全有效的配送渠道，利用互联网的先进技术改造农产品的流通问题。建设现代化农产品的物流配送体系，加强农业电子商务平台的筛选、监督、更换，与政府相关部门协商投资构建新型物流运输渠道，以解决农产品的运输配送瓶颈。

建设品牌和专业化的服务。电子商务的显著特征第一个就是商品的品牌，再就是经营中专业化的服务。因而需要通过互联网媒体广泛开展宣传，塑造农业产品品牌并提供高效、全面、优质的服务。通过互联网媒介宣传推广来打造特色品牌，巩固多地区的消费市场，同时有关部门应严格把关，定制农产品的质量、包装标准，降低资源浪费和提高产品安全性。

五、基于电子商务的智慧农业的发展运用

现代智慧农业的概念。“智慧农业”是应用现代技术实现现代化农业的生产及经营活动，包含计算机互联网技术、物联网技术、专家技术，实现传统农业现代化管理模式。“智慧农业”是农业生产经营活动的现代化发展阶段，集现代化技术为一体，实现智能、合理、有效的生产方式及经营方式，对农业发展有重要意义。

农业电子商务对智慧农业重要性。农业电子商务对于智慧农业的重要性相较于传统农业经营是巨大的，在依托农业电子商务的平台下，可以让大众更加直观清楚地看到农业生产的智能化，有利于消费者对于产品质量的放心。就目前的农业生产来说，大部分的农产品企业都依托于智慧农业，经销渠道更加地依靠农业电子商务模式，农业电子商务对于智能农业来说可以带来更加透明的信息。对于相关部门的监管更加便利，对于销售活动更加便利快捷且成本更低。

智慧农业的农业互联网发展趋势。如果说智慧农业是农业生产的发展趋势，那么农业互联网便是农业经销的发展趋势，二者结合更加地体现了农业活动的现代化智能发展模式。农业电子商务对于智慧农业来说如虎添翼，现代化的农业生产模式能让消费者更加放心，电子商务的农业销售模式对于消费者来说更加便捷，智能农业模式对于传统农业模式的农

业电子商务能带给消费者更加适合的选择方向。

六、智能农业相较传统农业对于农业电子商务的重要性

传统农业到智能农业的发展趋势。传统农业生产活动主要依靠人力，农忙时需要大量的人工，对于人力资源是十分浪费的，同时传统农业对于生产管理无法做到全面性、准确性、专业性。所以传统农业到智能农业的发展是有需要和有必要的，大型从事农业生产的企业面对大规模的农业生产需要更加规范的管理，对于智能农业有更大的需求。同时智能农业相较传统农业具有科学的优势，对于消费者的需求有更多的满足方案，更加符合消费者的消费需求。

农业互联网带给智能农业的有效性。相较于传统农业智能农业更加地依赖农业电子商务，农业电子商务对于智能农业来说有更加广阔的经销渠道，能够更加直观地将安全有效的生产画面呈现给消费者，让消费者更加地信任智能农业。对于企业来说智能农业和农业互联网相结合更加能够打造企业品牌，创建更加全面的发展空间，对于成本的控制以及生产的管理更加的合理有效。

农业互联网与智能农业结合的发展。对于企业的发展空间来说平台是至关重要的，而农业电子商务相较于传统农业来说平台更大，更加符合企业的发展需求。对于政府部门来说智能农业的生产模式监管更加便利，对于我国的农业经济发展有着更好的前景。

对于传统农业，智能农业拥有更加直观的优势，合理科学的管理、专业化的生产经营对于消费者来说能更加信任产品的质量，而农业电子商务相较于传统农业经营能够更加直观地将现代化的智能农业带到消费者面前。

第二节　中小企业电子商务发展战略

中小企业也就是指中型企业、小型企业或者是说微型企业。它们的领导者通常是个人或者是少数人管理企业，企业规模不大或者比较小。随着信息时代的快速发展和经济全球化的发展趋势，中小企业的电子商务逐渐兴起，甚至可以说是占据了大量的市场份额，在我国的整体电子商务领域中有些不可替代的作用。本节主要论述了中小企业在我国发展电子商务的形势和对策，以我国的市场经济为背景。

我国市场竞争是日益激烈的，中小企业对于我国在增加就业岗位，降低我国的失业率、带动社会经济发展和打开新的电子商务市场都有着不可忽视的力量。电子商务和中小企业的结合顺应了时代发展的潮流，可以说这两者的结合对于中小企业走出困境是最佳的途径。我国因为中小企业电子商务的发展增加了财政收入，但是面临全球经济化的机遇与挑战，中小企业电子商务仍需不断地克服困难，开拓新的市场，砥砺前行。

一、中小企业电子商务领域存在的问题

（一）商业环境不稳定

电子商务实现了商人之间通过互联网而不需面对面交流沟通，而消费者也无须走出家门便可进行网上购物的经济模式。但是这种网上的电子交易和支付的服务活动盛行的同时也让消费者有不安全的隐患。中国人对于传统的购物方式还是比较热衷的，网上购物由于质量不能得到保障和看不见交易者，大多数消费者往往不会信任其产品和活动。所以在这种压力下电子商务既不能吸引广大消费者的眼球和心理，只能凭借电子商务这种新颖的运行方式和以传统销售方式为主逐渐地开辟更大的消费市场。中小企业要站稳脚跟必须有成熟的商业环境来给予支持，以赢得更多企业的投资资金和信任。

（二）电子商务缺少基础建设

电子商务是以国际互联网为基础开展的，必须借助现代化的电子设备去完成商务交易与活动。在大多人数人看来，电子商务很容易操作或者是看不到电子商务的经济价值和信息时代的观念认识。也正是因为这个原因电子商务没有投资者的资金流入无法扩大规模，最终导致电子商务的基础设备不齐全，无法将互联网的开放性和网络技术的高效率和低成本的优势全部转化为自身的特点。

（三）专业性人才匮乏

中小企业在电子商务领域上最需要的就是拥有高素质、高效率并且能为公司谏言献策的专业性人才。但是电子商务在如今的发展情况下正是缺少懂得如何操作和分配的人才去应对现代化经济市场的激烈竞争。信息技术操作不是简简单单的做 Word 文档和表格，电子商务每个销售环节的完成也不是轻轻点击鼠标即可。专业性的人才在电子商务领域是急需的。

二、中小企业电子商务发展问题的对策

中小企业利用电子商务的渠道在降低成本上和对公司的运营管理等方面都有很大影响和意义。互联网宽阔的操作平台对电子商务整个的经济结构和发展道路也有着重要的作用。一个公司或者企业的发展要懂得利用市场、时机和顾客的需求。

（一）跟上时代的发展观念掌握市场动向

电子商务的发展同样也要讲究天时、地利、人和。什么时候做什么样的决定。一个公司或者企业领导人的观念是最重要的，他的每一步决策都对公司的发展有着举足轻重的作用。所以作为电子商务的领导者就要时刻关注市场动向和时代观念的变化，并且也要更新自己的观念和认识，不能做落后者。企业要根据电子商务发展的机遇适时地调整发展战略，从公司的高层人员到基层人员都要不断地学习新的发展观念。适者生存的道理在信息时代

的重要性更加突出。

（二）从每一步的发展战略目标做起

目标的制定是为了企业更高效地发展。企业无论是在什么发展阶段都需要目标的带领作用。电子商务制定目标时不能是笼统和过于总结性的，详细的目标可以帮助企业在发展中关注到细节性的错误。企业为何而存在和发展，都要有清晰的认识，并且每个职员和管理者都要时刻提醒着自己企业的发展目标。最重要的目标就是为客户服务。客户是企业发展的重要所在，对于客户一定要真诚以待，客户的满意是每个企业最基础的目标。在发展的过程中电子商务的成长不能以销售量的增长为全部，企业要想长期发展就必须脚踏实地一切以客户为重。能够从多方面例如信息网络平台获取更加详细和符合市场动向的客户资源，能够掌握客户的心理需求，并且得到客户的长期信任和忠诚，便是一个企业发展目标的完成，而且把客户的信赖转变为自己的品牌优势。

（二）确立电子商务发展的运营模式

从一个公司或者企业的诞生到扩大的过程，这中间的发展模式都不是固定不变的。中小企业是 21 世纪信息时代网络发展的创新产物，是实现大众创业和创新的载体之一。一个企业的发展模式决定了能否推动电子商务的发展，客户的需求是应时而变的，所以企业要抓住客户内心的需求来开展业务以及对自身的发展模式进行改革和创新。最关键的一点是企业的顺利发展和国家的政策有关，政府为企业所提供的创业平台和发展环境影响着电子商务的进一步发展，因此电子商务要不断地学习先进的科技，以国家的政策为核心，实现自身的商业价值。

（四）资源

每个企业都有自己的企业合作伙伴，有长期和短期之分。为了企业的更好发展，企业的合作伙伴是为了提供给自身的公司有利的资源。而企业需要资源来维持企业日常的发展，无论是线上还是线下的资源都要以合作和共赢为目的而存在。合作的企业与资源能够为企业所短缺的资源降低成本。企业要为自身的发展谋取长期且稳定的资源，有属于自己的供给链。

中小企业电子商务的发展与国家的政策、企业的合作伙伴与资源、客户的稳定性以及企业的发展定位和战略目标息息相关，是企业要根据市场经济的发展不断地进行创新和管理的。电子商务的创新产物使得世界经济全球化的发展压力更加大了，中小企业要利用好电子商务在促进经济增长的优势谋取更长远的发展。

第三节　电子商务交易中的信息安全技术

随着网络购物的不断大众化，网络安全技术在社会大众的工作及生活中的应用司空见惯，电子商务则顺应了时代的发展，成了一种新型的电子交易方式，但是这些交易活动在进行过程中并不是十分的安全，因此电子商务安全引起了社会各界的广泛关注。由于电子商务交易涵盖的范围比较广，包括生产者、消费者、金融及其中介机构等个体或组织，安全交易则不断被重视，消费者为了生活更方便快捷，使得电子交易大众化，它与网络信息安全技术使用、电子商务等互相关联又密不可分。

一、个人计算机网络信息面临的威胁

在个人计算机、个人网络信息传输过程中，恶意软件的渗透会引发个人计算机信息被篡改或被盗，也容易造成个人计算机的硬件被破坏等。个人计算机内部信息通常存储的是隐私信息，一旦丢失将带来个人的财产损失。

因此，个人计算机的信息防护至关重要。当前，防火墙技术是个人计算机信息安全保障的重要途径。个人计算机网络信息可能会受自然性和人为性的干扰。其中自然干扰主要源于计算机周围环境不佳导致的线路老化、电磁波干扰等。

人为性的个人计算机威胁的主要来源，其来源于网络信息病毒的入侵、网络信息漏洞及恶意程序攻击。另外，TCP/IP 协议和网络信息结构的缺陷和保护不当都会给个人计算机网络信息安全带来安全问题。

伴随网络信息资源的开放与分享，恶意程序攻击在所难免。这对网络信息系统设计提出了更高的要求，资源共享主要为实现网络信息的应用，因此，网络信息攻击仅通过软件程序实现网络信息数据包的轻松“使用”，是个人计算机网络信息面临的巨大安全问题。

面对网络信息攻击，应采取数据加密或者设置防火墙的方式对个人计算机做好保护，降低个人计算机网络信息被侵袭的可能性。数据加密是通过网络线路和端口加密、节点加密来实现。加强个人计算机网络信息安全管理，制定合理的管理方法，才有可能保证个人计算机安全。

二、个人计算机信息数据加密技术

个人计算机信息数据加密技术主要分为信息数据存储控制及存储两种方式。在信息数据传输加密上，将其分为端口之间及线路加密方式，其目的是防止数据在传输的过程中发生泄露问题，这种加密方式是动态加密的一种。线路加密是在信息传递的过程中采用不同的密钥以提高信息传输安全，而端口之间的加密方式是在数据传输的用户端之间进行加密，经过端口之间处理后的信息不可在用户端直接读取的，需要解密后进行使用。

在信息传输的过程中采用数据打包的方式进行传输，当个人计算机收到数据包后，接收端可自动解码，将不可读取的信息数据包转化为可读取的，从而在传输中确保信息安全。

三、电子商务交易中的资金安全风险类型

随着电子商务逐渐成为主流交易模式，交易过程中的安全问题，尤其是资金安全，成为当下关注度最高的问题，针对这一问题的特征，具体可分为三类。

信用风险在互联网发展的今天，交易双方通过互联网完成交易，双方很可能是在不了解对方信用程度的情况下进行交易，所以对于谁（第三方还是交易双方）来保障信用就成了维系交易的关键点，若在交易过程中的任何一方的信用出现了问题，使得交易不能按照预先约定的完成，对于交易的另一方有可能会产生巨大的损失，所以，在进行电子商务的交易过程中双方都可能承担着巨大的信用风险。

生产者存在的风险在电子商务交易中，双方交易是在互联网上完成的，生产者在交易过程中承担着物流配送的风险，交易过程中如果物流出现问题，例如货物损毁、遗失等，双方交易可能会提前结束，消费者可以拒绝付款，卖家仍然需要承担物流配送中的损失。此外，生产者还可能面临着计算机信息的安全威胁，一旦计算机运行出现了问题，消费者的资料可能丢失或者被盗，生产者要承担被消费者追究泄露个人信息的责任。

消费者面临的安全威胁。消费者的个人信息在网络传输的过程中，容易存在被生产者泄露的风险。

另外，消费者在付款的时候使用网上银行、第三方支付平台或者是信用卡，在木马程序或者是恶意软件的攻击下，网上银行的账户信息、支付账户信息及信用卡信息等都可能面临泄露的风险，消费者很可能面临资金被盗的风险。此外消费者在网上交易的过程中还可能遇到网络诈骗，在互联网这样的交易环境中，当消费者自身的权益遭到损害时，很难或者需要很长时间才能找到应该承担责任的人。

四、电子交易风险存在的方式

目前，在电子商务不断发展的情况下，交易双方的财产安全都会因网络信息技术的不可靠性而可能会面临一些风险，所以电子商务安全保障是一个急需要解决的问题。

在电子交易的过程中，风险的存在主要是由于网络信息技术的不可靠造成的，这些不可靠性主要是来自一些不法分子，采用方式大致可以分为如下几种。

（一）假冒合法用户

在交易过程中，有一些不法之徒在用户使用网络传输信息过程中利用非法技术盗取使用者的身份信息，然后再用这些信息资料与“他人（第三方非法利益集团）”进行交换，以换取利益，从而侵犯了使用者的合法权益。

（二）窃取用户信息

在交易过程中，有一些不法分子利用非法手段在互联网上强制获取用户信息，如：对

用户的私人信息等进行拦截，最终以诈骗的手段进行敲诈或者勒索。

（三）恶意篡改他人信息

在用户双方交易过程中，一些不法分子利用不同手段盗取用户的电子信息，然后篡改这些信息的内容，使用户信息的安全失去可靠性和及时性。

（四）传播病毒程序

病毒程序是个人电脑的克星，病毒传播速度很快，安装隐蔽且种类繁多，再加上在网上的传输，其传播的范围更广，带来的负面影响可能会更大。

根据以上描述的内容，对于电子商务交易过程中信息安全技术的使用，提出以下几个方面的建议，以保障电子交易的安全完成。

防火墙技术在电子交易中的应用。在电子商务活动中，防火墙技术相对来说是比较成熟的安全保护技术，其主要是使用数据包过滤技术。防火墙技术主要是在信息使用者之间增加了保护，在进行信息传递的过程中防火墙会对信息传输实施监测，将不安全数据滤掉，阻止各种病毒程序入侵到个人电脑中，防止对交易双方电脑中储存的信息进行破坏，防火墙还可以确保用户的登录信息，对使用者的登录信息进行过滤，对登录用户进行审核，防止不法分子入侵等。

防火墙的功能表现如下：

第一，防火墙对使用者的浏览信息进行安全性分析，将网页中存在的不安全信息拦截在防火墙之外，以此来确保信息来源可靠；

第二，防火墙可以预警或者拦截用户浏览的不安全网页，将网页中携带的病毒文件拦截在电脑之外。

制定电子交易安全法律。电子商务被越来越多的人使用，简单的交易规则已不能保证电子商务的交易安全，因此制定相关的法律成了规范电子交易的必要手段，在法律的约束下，电子商务将会更规范。

针对我国电子商务的发展趋势，制定电子交易法律为的是保证电子商务的交易安全，针对网络犯罪，我国的电子商务安全法并不是很健全，但立法部门对其非常重视，将电子商务安全法归纳在刑法中，可以看出其对电子商务交易安全的重视。

电子交易中应用签名认证技术。应用在电子商务中，必须确保交易中的双方知情权，将传统交易中使用的签名确认制度引入电子商务交易中。所以签名技术的使用提高了电子商务的安全等级。

在签名加密技术中主要有两种加密方式：对称式和非对称式加密方式。对称式加密主要是指交易的双方使用相同的加密算法并持有特有的密钥，从而保证加密信息的安全，且传递时避免被第三人“看到”，并确认双方交易的详细信息，从而保证信息传递的安全。而非对称式加密法则是交易的双方使用的密钥信息都是一对一的，双方只需要将持有的一方密钥公开，另一方则在收到信息之后，可以通过未公开的密钥在计算机技术的帮助下获取到信息，虽然公开密钥可以被交易之外的人得知并使用，但是私人密钥只属于一个人，从而保证交易信息在传递过程中是一对一的，信息的安全得到了进一步的保障。

其他方面。除此之外，电子商务交易过程中还使用了动态密码、手势密码以及人脸识别、虹膜识别，等等，这些技术都增加了电子商务交易的安全级别，从而保证电子商务活动的正常进行。不管是交易双方，还是电子商务交易平台，在安全技术或者安全意识上都应该不断加强，才能促使商务活动更好地发展下去。

第四节　电子商务与电子金融的融合发展

进入信息时代，互联网和移动互联网得到了普及，使得一种全新的商业运作模式应运而生，它就是电子商务。电子商务的发展推进了电子金融的发展，同时电子金融也为电子商务的发展提供了助力。本节首先对电子商务与电子金融分别进行概述，然后分析这两者之间的联系，以及电子金融在电子商务中的应用。

在 20 世纪 90 年代初期的电子数据交换时代，我国的电子商务起步，直至 1997 年，我国电子商务从起步期步入雏形期，政府领导组织开展的“三金工程”，为我国之后的电子商务发展奠定了坚实的基础，建立了国务院国家信息化工作领导小组，统一领导组织我国的信息化建设。1998 年至 2000 年开始，电子商务进入发展阶段，国家组织启动的“金贸工程”，开启了我国以推广网络化应用、在经贸流通领域开发电子商务为主要任务的大型应用试点工程，并使得众多广义电子商务开始了试点，并进入了实际的试用阶段。从 2000 年到 2009 年期间，电子商务逐渐以 B2B 为主体，标志着电子商务进入到可持续发展的稳定阶段。同时随着 3G、4G、5G 的蓬勃发展，全程全网的电子商务 V5 时代成型，加快了电子商务的发展，而且电子商务不再仅仅作为一种新型的商业运营模式，而是受到国家高层的重视，并已经被提升到了国家战略层面。电子商务就是以信息网络技术为手段，以商品交换为中心的一种商务活动，也可以认被为传统商业活动各环节的电子化、网络化和信息化。

一、电子金融

电子金融是当代一种新的货币形式，通常以智能卡的支付卡和数字方式的货币文件的形式存在，支付卡适用于网下支付，而后一种则适用于网上支付。电子金融在 20 世纪 70 年代的时候就已形成，如今，它的应用形式越来越广泛，电子金融是一种基于网上电子信用发展起来的以商用电子机和各类交易卡为媒介，通过互联网和移动互联网以电子脉冲传输和存储资金的信用货币。

二、电子商务与电子金融的联系

在研究电子商务和电子金融的过程中，不难发现在电子商务活动中金融系统所承担着新的电子货币的发行、电子支付规则的制定、支付中介的实现、信用流通工具的创造以及电子支付安全保障措施的提供等重大职责。而且电子金融是金融业在电子商务条件下创新的一种产物，电子商务的发展离不开金融服务提供的基础架构，同时电子商务的发展也为金融业提供了全新服务领域和方式。也就是说，从电子商务的诞生开始，它就与电子金融建立了千条万缕的联系，这也决定了电子商务和电子金融要协同共进。随着电子商务的发展，很多网上金融机构开始在网络中建立站点，并开启了部分网上金融机构业务，为人们的购物付款、转账等提供了安全高效、方便快捷的方法和途径。

虽然我国电子金融的服务范围还不够全面，但是相比于传统的金融结构服务，电子金融以其投入少、效率高、受众广和无时间限制的优势成为金融业务的另一发展方向。目前，众多商业金融机构正在不断地提高自身信息集成和管理水平，筹备着网上金融业务的全面开通，进一步推进电子金融的创新与发展。同时电子商务的高效快捷也促进了金融业务信息化的发展，电子金融的发展也越来越多元化、品牌化，更加满足了新时期人们日常生活的不同需求，包括购物、日常支付、保险、投资理财等。

三、电子金融与电子商务的应用

在数字化时代到来之际，金融电子化和互联网得到了迅猛发展，作为一种新的贸易领域，网络俨然成了商务发展的一大趋势。作为电子商务活动的基础，电子金融系统的优势必须要得到充分认识，只有正确认识电子金融的含义和意义，才能逐步完善和健全我国的电子金融系统，进而促进电子商务的发展，保证电子商务活动的真正进行。首先应该认识到电子商务的活动流程，即一种利用先进信息技术的商务活动方式，整个电子商务过程是集通信服务、数据管理服务和安全服务于一体的商业服务，在电子商务过程中，买卖双方按照一定格式将自己的供需意愿输入到电子商务网络中，然后由网络按照消费者的要求进行相关信息的匹配，为其提供多种的商品选择。只要消费者确认了消费选择，那么电子商务将会协助消费者完成后续各项业务，包括合同的签订、传递以及款项的收付等。在此过程中，认证机构为了保证交易的安全，还会对交易双方进行认证，以确认其真实身份。以此可以看出，电子商务的实质其实就是一个由互联网络虚拟构建的交易场所。

在美国，电子商务在各种金融服务部门的作用主要涉及电子银行业务、电子证券、电子保险以及多样化电子金融服务等方面。其中多样化金融服务就是其中一个重要领域，所谓多样化金融服务就是对应服务公司向消费者提供明显不同的各类型金融服务，包括银行业务、保险、信用卡、客户借贷等相关服务，并且也不仅仅局限于这些服务。而多样化金融服务公司的一个典型案例就是世界最大的全球性旅游、金融和网络服务供应商之一的

American Express。该公司可以为个人提供信用卡、赊账、旅游支票以及其他可储存的有价产品，同时还会提供保险、共同基金、经纪商服务、理财计划以及其他投资产品，而且该公司通过它的公司服务，帮助公司和机构的旅行、娱乐和采购费用进行管理。还会提供投资管理服务，并对养老金以及其他员工福利计划进行管理。同时该公司还会为小企业提供财务和税收服务，此外还会对在岗员工提供相应的理财服务。American Express 作为一家旅游代理机构，它同样会为全球的个人和公司提供旅游及其相关咨询服务。该公司的成功正是电子商务和电子金融相结合、发展的一个典型例子，从中也体现了电子商务和电子金融在美国的运用和发展。

而在中国，电子商务的发展则可以由以马云为首的 18 人创立阿里巴巴集团为例。阿里巴巴集团经营着很多业务项目，同时还会从关联公司的业务和服务中取得经营商业生态系统的支持。其业务和关联公司的业务包括淘宝网、天猫、聚划算、全球通速卖、阿里云、菜鸟网络以及蚂蚁金服等。其中淘宝网就是一个注重多元化选择、价值和便利的满足中国消费者消费要求的首选网上购物平台，淘宝网展示数以亿计的产品和服务信息，为消费者提供了多种的产品和服务，而在消费者消费过程中，势必要进行货款的支付，而这就涉及电子金融。同时阿里巴巴的小额信贷就是对贷款模式的一种创新，旗下的支付宝则实现了支付手段的创新，这些既发展了电子商务，也促进了电子金融的发展、进步和创新。

第五节　B2B 电子商务模式与商务经济效率

现阶段，进入到经济信息时代，销售行业以及信息技术在发展过程中不断地完善，这也推动了电子商务的高速发展。而基于 B2B 的电子模式发展最为迅速，已经成了电子商务的引导者。对 B2B 电子商务模式与商务经济效率进行研究，对于我国电子商务行业的发展有着积极的作用。

随着计算机技术、物联网、互联网技术的不断发展，电子商务不断完善，形成了不同的商务模式，而基于 B2B 电子商务模式在电子商务模式中最为突出。对此，加强对 B2B 电子商务模式与商务经济效率的研究，对于电子商务行业发展有着积极的作用。

一、电子商务与 B2B 电子商务模式

（一）电子商务含义

电子商务就是基于开放的计算机网络环境为基础，交易双方通过网络模式进行在线的交易活动，已经涉及全球商业贸易活动等各个领域中。电子商务作为一种新型的商业运行模式，在经济全球化的发展中，在世界范围中广泛应用，人们通过网络进行交易、购物、购票，为人们的日常生活提供了极大的便捷。而 B2B 电子商务模式就是企业之间

的商务活动，主要包括企业展露发展方向、市场营销、物流运输以及各种计算机信息与手段，等等。

（二）B2B 电子商务模式优势与不足

电子商务就是一种基于信息技术为基础的技术手段，在相对较为开放的网络环境中，利用浏览器以及服务器在全球范围中开始的交易活动，B2B 电子商务模式在交易中具有一定的优势，也存在一定的不足，其主要如下：

1.B2B 电子商务模式的优势

第一，B2B 电子商务模式可以有效地降低企业的经营管理成本，在网络交易环境中可以简化交易程序。产品的供货商以及产品的销售的渠道与范围、质量均在不断地提升，此种方式可以有效地降低企业在经营管理过程中的各项支出与成本。第二，B2B 电子商务模式对于市场经济环境的变化与发展具有一定的适应能力，可以通过运用大批量以及少批次的方式物流配送服务，这样不仅仅可以有效缓解物流运输的不足，规避各种问题与不足，深受企业与人们喜爱，在根本上简化了企业物流管理流程，也优化了管理模式。第三，B2B 电子商务模式具有规模化的作用，可以产生规模效应，通过第三方交易机构以及平台，可以降低企业信用风险以及存在的支付性风险问题，可以在根本上节约产品的物流成本，而在社会经济的不断发展过程中，B2B 电子商务模式会不断完善，深入地分析企业以及消费者的各种需求，经济效益也会不断提升。

2.B2B 电子商务模式的不足

B2B 电子商务模式在发展中还有一定的提升空间，其主要表现在以下几点：

第一，通过研究可以发现，我国多数的 B2B 电子商务均隶属于阿里巴巴，电子商务平台在分布上过于集中、过于混乱，分布也缺乏合理性。一些中小型的电子商务企业在此种环境中无法获得经济利润，不利于整个行业的持续发展。第二，B2B 电子商务模式也属于网络凭条，在运用与发展中必须要有充足的资金链为支持，以先进的计算机信息技术作为基础，这样就会耗费大量的资金，在一定程度上制约了中小企业的发展。第三，B2B 电子商务模式对于从业人员以及企业的要求较为严格，而在社会上也没有配套的设施与体制制度，这样就直接制约了 B2B 电子商务模式的发展。

（三）B2B 电子商务模式的发展趋势

B2B 电子商务在我国发展势头显著，国家也通过各种政策手段推动 B2B 电子商务的发展。在整体上来说，国家鼓励企业积极参与各种交易活动，也投入了大量的资金以及技术支持，加强对数据处理、计算机技术以及互联网技术的建设。

而在经济全球化发展过程中，计算机技术、互联网技术在不断发展过程中，我国的经济发展也呈现国际化的发展趋势，这无疑为 B2B 电子商务的发展奠定了基础。而在电子商务平台建设中，还是存在信息无法考证、资信体系有待完善等问题，这样无疑制约了电子商务的发展。对此，在实践中，国家必须要重视电子商务的发展，综合社会经济发展趋势以及市场规律通过强制性的手段规范电子商务市场，保障市场的秩序。

二、B2B 电子商务模式与商务经济效率的研究

为了对 B2B 电子商务模式之下的电子商务经济效率进行分析，必须要将减少电子商务实际的交易成本以及电子商务的网络效应特征作为基础，基于分工的角度系统分析，建立经济效率基础模型，进而对电子商务虚拟市场以及企业的网络效率进行系统化的分析。

（一）基础理论模型

B2B 电子商务模式就是一种将电子技术以及互联网技术作为主要依托的网络运营模式，在市场经济的发展中会不断地融入各种新产业以及新组织模式。通过 B2B 电子商务模式可以提升商务活动的效率与质量，也会增强交易效率，扩大企业以及个体用户的应用范围。基于分工角度来说，B2B 电子商务模式产生的交易成本与分工效益之间具有冲突性的关系。而基于整体对其进行分析，B2B 电子商务模式是一种适应先进社会分工需求的模式。也就是说，电子商务的发展可以提升社会生产力以及社会分工的水平。

基于电子商务制度的角度来说，要在不同的层次构建电子商务经济效率基础模型，基于从后向前的顺序进行构建，要基于产业、市场、企业等不同层次进行构建。模型在构建之后要通过模型对各个层次进行理论化的分析，进而正常发挥电子商务的经济效益，凸显 B2B 电子商务模式之下商务经济效率客观性，对其进行精准分析论述。

（二）企业网络效率

电子商务通过专业化以及细化分工的方式，转变企业的组织形式以及合作方式，增加了企业之间的交流与合作。基于 B2B 电子商务模式为主，在实践中其主要内容具体如下：

第一，B2B 电子商务模式具有规模效应，具有一定经济效应，在网络虚拟化的影响之下，增加了贸易活动的风险，导致 B2B 电子商务模式经济效益受到负面影响，企业为了消除其存在的负面影响，必须要重视企业的内部控制。第二，B2B 电子商务模式是一种基于网络技术为基础的交易模式，需要一定的网络技术支持，这样就加强了企业之间的合作与竞争，增强了企业的核心竞争能力，创新了企业的组织形式，实现了企业电商化以及网络化发展，实现了企业产业结构的改革，形成了一种具有显著产业化特征的分工模式，可以充分地凸显网络效应与作用，提升劳动报酬，在根本上提升电子商务经济效率。

（三）分析虚拟市场进行

B2B 电子商务模式的平台就是以既有网络为主要支持的虚拟化市场，相对于传统的实体市场来说，虚拟化市场具有信息收集以及范围广泛庞大的特征。虚拟化市场具有信息收集、技术要求较高、渠道较广的优点，虚拟化市场的信息收集效率较高。同时，对比虚拟化市场以及传统市场，利用网络模式进行交易可以增强企业的市场精准优势，降低交易成本，虚拟市场是一种在线的交易，具有虚拟性以及广泛性的特征，缺乏确认双方的各种信

息，交易双方缺乏了解，这样就会存在产品质量、企业信誉等问题，这样就会增加电子商务交易的成本，虽然在整体上来说，其市场交易率有所降低，但是却增强了市场的不稳定性。为了解决此种问题，可以通过第三方介入的方式进行处理，增强 B2B 电子商务交易效率，增强规范性。

（四）电子商务效率分析

电子商务这种运营模式就是基于传统企业逐渐发展形成的。企业的制度与技术是影响企业效率的基础，企业制度与技术在不断的优化过程中可以提升企业的效率，对于企业发展有着积极的价值与意义。对此，必须要在内部优化电子商务，加强成本费用的控制，其主要涵盖组织成本以及生产费用。电子商务模式具有结构特征、产品特征以及技术特征等要求，会直接影响企业的运作模式、经营方式以及交易规模。对此，企业要完善企业的制度与技术等相关内容，综合技术与制度，推动电子商务的持续发展，提升企业的分工能力、增强企业的专业化水平，进而提升企业整体的经济效率。

（五）经济制度分析

电子商务经济效率为了稳定发展，提升经济效益，就要完善各种经济制度，创新制度模式，综合技术创新，充分地凸显 B2B 电子商务模式的价值与作用。对此，在实践中要分析现有政府制度、管理制度、市场制度、企业内部制度以及产业制度等相关内容，通过制度创新有效，保障电子商务的经济效率，增强企业的核心竞争能力。

B2B 电子商务模式在现阶段发展较为迅速，改变了传统的交易平台、交易渠道以及交易模式。B2B 电子商务与我国现代市场发展具有一定的适应性。对此，国家与企业要高度重视 B2B 电子商务模式，通过科学的方式规范处理，提升电子商务的经济效率，进而在根本上推动 B2B 电子商务的持续发展，为我国社会经济的发展奠定基础。

第六节　网络时代我国跨境电子商务发展

近年来，跨境电子商务已经成了全球热议焦点之一，备受世界各国政府、当地外贸企业的关注。从世界大背景环境下的跨境电商产业发展来看，主要是以北美、欧洲地区为主导的格局。目前我国在跨境电子商务发展领域，整体效果相当不错，但是在一些关键的环节还是存在着较大的问题，其中较为突出的是跨境电子商务物流，我国跨境物流的发展无法适应新时期跨境电子商务产业的发展与需求。本节基于网络信息时代，对现阶段我国跨境电子商务的发展现状及运作模式做简要探究，以期推动我国跨境电子商务的发展。

随着经济全球化的迅猛发展，我国的经济也取得了迅速发展。特别是在“十二五”期间，国民总产值一举超越了日本成了世界第二大经济体。在这一阶段，国内城乡居民的收入水平和消费能力均显著提升，与以往不同，消费者越来越多地关注产品的质量、品牌等特色。也正是在这一时期，伴随着电子商务平台运作模式的成熟化发展，催生了以海淘外购为主要形式的新型的跨境电子商务。因而，在当前全新的网络市场经济环境下，对于我国跨境电商的运作模式及其转型发展提出了新的挑战，并带来了新的机遇。

一、我国跨境电子商务发展现状

根据艾瑞咨询所发布的《中国跨境电商行业研究报告》，其中明确显示，在 2013 年全年度，我国跨境电商交易总规模为 3.1 万亿元，较 2012 年增幅高达 31.4%，并且占到了当年我国进出口贸易总额的 11.93%。其中，B2C 电商发展模式占总产值的 6.12%。2014 年我国跨境电子商务总规模接近 4 万亿元，2015 年这一数据突破了 5 万亿元，就目前的发展态势来看，在短期内，我国在该产业领域的发展，将会继续保持着至少百分之二十的增长幅度。

跨境电子商务平台，主要由信息流、资金流、物流等基本元素共同构成，并按照国际一定标准结构进行整合，进而形成地区与地区之间、国家与国家之间具有商品交换功能的有机整体。在该系统平台结构内部，表现最为显著的就是等级结构性，而其中又包含着所有贸易平台共有的基本特征，诸如开放性、自组织性、复杂性、整体性、关联性等。当然，跨境电子商务模式也具备一些传统贸易市场所不具有的特征，比如虚拟性、竞协性等。

二、我国现阶段跨境电子商务发展中存在的问题

尽管跨境电子商务贸易平台引入到国际进出口贸易领域存在着诸多优势，但是在实际操作和实施、运营过程中，仍然存在着一些阻碍，严重制约着我国各地行业企业跨境电子商务贸易的发展，这些阻碍性的因素主要体现在三个方面：通关效率；物流与电子支付；退税。

（一）通关效率问题

所谓“通关效率”，主要是指从报关开始一直到报关结束后放行，在此期间承担商品货物的受托物流企业，其所占用的时间占总报关时间的比重多少，在业内称其为“通关效率”。当前我国跨境电子商务在发展过程中，通关效率低下是三大阻碍因素之一，关于这一点可以联系到传统的贸易形式。在跨境电子商务模式运营下，商品货物的供应商与客户之间一般都会直接见面谈判，这种改变虽然不是根本性的转变，但至少会引发跨境电子商务产业链或者某环节过程的变化。因此，在跨境电子商务贸易中，单个供应商和单个客户相互间的商品交易批量就会不断减少，在这种制约下，整体商品交易的频率也会随之发生变化，最终形成当前所看到的由过去低频变成高频的情况。正是因为这种频率的转变，在很大程度上较低了通关效率，同时也增大了境内海关监管的压力。

（二）物流与电子支付问题

物流的过程基本涵盖着四大层面，即“仓储”“分拣”“包装”“配送”，无论是传统的国际贸易还是现阶段新兴的跨境电子商务，物流都是连通卖家和买家的一根重要纽带。在“十二五”发展期间，我国电子商务的发展逐步进入到相对成熟阶段，而电子商务的发展也极大地带动着整个物流产业的飞速发展。在电子商务的发展带动下，国内相继催生了一大批民营物流企业，比如顺丰、申通、韵达等。关于物流与电子支付的问题主要体现在：首先，相对于国内物流而言，跨境物流成本明显偏高，主要是因为跨境交易中很大一部分商品交易活动都是通过空运来实现的；其次，电子商务经过几十年的发展以及技术创新，在国内外许多地区几乎都拥有着自身的一套体系，均相对成熟，从某种意义上来说，电子商务发展正在从初级阶段向中级阶段进行转变。与此同时，经过较长时间的发展，国内电子商务基础设施及相关体系建设也正在完善化，但是，跨境物流只是刚刚起步，在许多领域都无法满足跨境电子商务贸易的需求，存在着较大的滞后性，并且与国内物流体系相比，无论是基础设施建设还是业务经营管理方面存在均缺，有待进一步完善。简单而言，就是当下我国在跨境电子商务领域，物流与电子支付不能够很好地满足爆发式增长下的跨境电子商务的交易需求量。在这种局面下，很有可能出现境内物流企业因无法承担过多业务量而造成大量货物堆积的现象。

（三）退税问题

目前我国在跨境电子商务贸易发展领域，基本是以快件为主，除了占据一小部分的海外代购形式外，包括一些国内外的跨境电商网站，也大致一样。如上文所述，量小、货散、速度快。在这种情况下，商品流通环节商品卖家无法提供报关单，其物流方式并没有被正式纳入到国家海关的货物贸易监管体系，因此这类商品贸易也就不存在报检和退税。

三、新时期我国跨境电子商务发展趋势

（一）规模结构

现阶段，在跨境电子商务贸易领域，虽然国内出口电商企业占据着较大的比重，而进口电商比重则偏低，但是我国跨境电商贸易规模进出口结构正在发生改变，进口占比逐年上升，截止到2014年，其比重已经上升到14.1%。跨境电子商务贸易与国内电子商务繁荣发展的趋势严重不对称。笔者认为之所以会出现这种局面，除了上述提到的三方面问题之外，还与世界贸易格局以及我国贸易政策有关，当下国内社会经济主流发展思路是刺激消费、拉动内需。随着国内网购市场的进一步开放，以及相关支付环境的改善，我国将会有越来越多的互联网消费用户参与到跨境网购环境中来。

（二）物流运作模式

我国跨境电子商务发展领域，在物流运作模式层面，经历了多个阶段，常用到的一些

物流模式包括以下几类，分别有传统物流模式、海外仓物流模式、国际物流运输专线、自由贸易区和保税区物流、集货物流模式以及当下较新的第四方物流模式。虽然国内外贸企业在物流方式上有多种选择，但笔者认为，第四方物流终将是未来一段时期我国重点发展和建设的主流方向。第四方物流（Fourth Party Logistics，4PL），是一个现代化的先进的物流服务模式下的供应链集成商，具体可包括公司内部和一切相关联的具有互补性的服务供应资源、能力、技术等，对其进行优化整合，最终形成一套供应链解决方案。4PL 是对 3PL 的延伸与发展，该理念最早是在 1998 年由美国埃森哲咨询公司率先提出来的，它的出现及其推广与应用，使得包括第一方物流、第二方物流、第三方物流在内的所有企业物流规划、咨询、信息管理系统、产品服务与货物供应链管理活动进行了最大限度地资源整合，最终为上游企业、下游企业以及物流业者提供一个整合性的物流体系框架，而在这个体系框架当中，几乎囊括了金融、保险、物流、交通等多站式货物配送的安排管理控制模式。当然，在现阶段应用相对广泛模式的主要是边境仓、国际快递、国际邮政小包等，以及第三方（3PL）物流。

四、我国跨境电子商务发展策略——以长三角地区为例

（一）创新技术与变革模式

上海市商务委员会主办的国际网络购物博览会，其中的重点内容及作用就在于最大限度地实现了集企业产品营销、推广、销售、服务于一体的新型商贸流通产业链，最终成功搭建了 EBCS 电商服务模式（电商企业—供应商—消费者—服务商）。在此基础上，当地中小外贸企业在跨境商品交易过程中，应当将侧重点向小单、多种交易模式方向转型。在传统的国际贸易过程中，通常情况下企业相对较不愿意接受一万元以下的小订单，他们认为一万元美元以下的小订单议价成本比较高，并且商品的利润变得更加低廉。同时，在物流运输方面，往往也只是通过比较简单的集装箱来拼柜，实际上这种模式手续异常烦琐，当地大多数中小外贸企业普遍将其视为“鸡肋”。但是，这种小订单的发展形式是现阶段乃至今后很长一段时期内的主流贸易方向，随着小订单在传统外贸中的比重不断攀升，预计在今后几年时间内，传统中小外贸企业全面走向电商化是时代发展的必然趋势。因此，当地中小型外贸企业需要重新审视这一问题，借助于跨境电商平台等各方的技术优势，专注于小订单的外贸出口服务链条，为每一位客户提供更为全方位、优质的服务，无论是小批量、碎片化的订单，还是单件商品，都应当提供一种全过程、一站式的服务，包括小订单的报关、出口物流打包、收汇等相应的服务。

（二）做好国外市场调研并注重人才团队建设

跨境电子商务交易不同于国内传统的电子商务业态，跨境电子商务的市场及服务对象遍布全世界，其差异性异常明显。各地区消费者习惯、喜好的差异；当地社会风俗与文化的差异；各地区、国家间法律法规、政策环境方面的差异等。这就要求我国跨境电商企业

积极做好市场调研活动，以便最大限度地保证信息的对称性和流通性，从而很好地达到规避企业经营风险的效果，避免遭遇知识产权、商业纠纷等一系列问题。除此之外，长三角地区中小外贸企业还应该组建跨境人才团队。在跨境电商市场贸易环境下，企业之间的贸易竞争归根到底还是经济知识人才的竞争，虽然跨境电商品平台为企业提供了许多传统模式下所不具备的技术服务优势，但是随着国际贸易形势的进一步严峻化，江浙沿海地区的中小型出口贸易企业，应当进一步优化内部结构，通过相应的调整，逐步探寻出真正适合本企业发展的人才结构，并严格选派骨干参加跨境电商业务培训。同时，当地的企业还可以与周边高校进行合作，并积极与高校各专门之间建立一种关联机制，企业为高校学生提供实习实践的岗位，这样不仅充实了企业自身的人才储备，同时也扩大了企业在周边的影响力。

（三）创新并完善跨境电子商务物流模式

首先，持续性地推动跨境物流网络协同。对此，我国政府与企业可以借鉴亨克（Henk Akkermans）所提出的影响物流网络协同效应的 23 个因素等相关的研究，比如重点关注物流供应链管理层面，具体可包括物流运作流程的复杂性、全球化、企业战略、协同意愿等系列因素。以我国长三角地区为例，该地区作为我国现阶段跨境电商贸易发展程度最高的区域，在该领域的发展层面上水平要领先于全国大部地区，其中的一些成功发展经验值得其他地区学习和借鉴。比如，在跨境电商物流的运营和管理层面上，通过整合各类资源，实现统筹规划。尤其是对于商品货物在流通过程中的关注度，包括跨境贸易货物的接单、贴标、装卸等环节，各方因素都应当综合考虑进来。因为只有将各阶段整合在一起，包括支付、报关、纳税和售后服务等环节，才能将国家政策、行业规程贯彻落实。

其次，大力发展区域内混合跨境物流模式。在第四方物流体系还不够健全、成熟的前提下，可自主探寻出一条适合区域内现阶段具体发展需求的市场运营模式，因为跨境电子商务与跨境物流均属于一种较为复杂的运作流程，但是跨境物流模式又不同于传统的固定式物流模式，它所面对的是全球市场，这也直接决定了其区域性限制要素，简单来讲就是指，一种物流模式可能适用于 A 地区，但不一定能够适应 B 地区。因此，本节重点提出了一种混合式跨境电商物流，在具体实践中，应当至少采用两种或者两种以上的跨境物流模式，比如:“物流专线＋海外仓”“国际快递＋海外仓”“物流专线＋海外仓＋边境仓”等。此外，我国还可以在物流体系内部结构上予以适当调整，比如推动物流外包化和物流本土化等。

跨境电商作为一种市场经济时代下的新型贸易模式，凭借着其独有的一套交易模式和经济增长点，在我国商贸流通业发展领域中的市场导向作用越来越显著，展示出巨大的市场潜力和生命力。在这一时期，不仅是国内市场，在整个国际市场，各地区国家也意识到了“中国经济”高速发展下的巨大市场空间。因而，为了充分开发市场潜力和资源，满足国内广大消费者对高品质、高质量产品的需求，跨境电子商务逐渐兴起，并在短期内迅速壮大，已然成了电子商务的一个重要分支。特别是在促进国内进出口贸易、满足人们日常生活需求方面，发挥着不可替代的作用。总体上来看，从 2005 年到 2015 年的近十年间，是我国跨境电商发展的黄金期。在肯定发展成果的同时，也应当明晰其中存在的矛盾和问题。如上文所述，跨境电子商务监管体系不全、结汇方式不合理等重重因素的制约，需要相关部门加大监管和执法力度，健全领域内相关的法律法规、行业规范。对此，笔者依据当下发展的实际情况，结合个人的观点，提出了相关建议对策。

第六章　数字经济时代电子商务的发展

第一节　电子商务对中国经济的影响

电子商务的快速发展深刻地影响着中国经济。当前，在产业层面主要表现为重塑了流通体系的基本结构，加速了流通体系的现代化进程；在宏观层面主要表现为拉动了经济增长。未来，电子商务的发展将继续影响流通领域的变革，并通过与制造业的融合发展来推动中国工业的数字化转型。但在进一步发挥作用的过程中，将面临就业替代效应、网络市场秩序不规范、技术创新投资不足等新问题。政府应以减轻就业冲击和鼓励电子商务创新发展为根本出发点，规范网络秩序，加强资金引导，完善支撑体系建设，推动电子商务深入发展。

电子商务引领了一场新的流通革命。这场革命肇始于20世纪90年代中期的美国，但从世界范围来看，到目前为止，它在中国的发展最为引人注目。中国的新流通革命兴起于2000年左右，尽管晚于美国，但发展却更为迅速。2013年，中国的网络零售规模超过美国，建立全球最大的网络零售体系。

关于这场新流通革命的论述有很多，归纳起来有以下两类。

第一类研究是通过电子商务与传统零售的比较分析，试图找出电子商务的独特运行规律。当前的研究主要是从商业模式、定价方式和治理机制等多个维度展开对比分析。这类比较研究带来的好处是让人们更快更好地认清电子商务的独特发展规律，但也存在缺陷，主要是无法帮助人们认清电子商务在具体国家的发展中表现出来的规律。比如，它们无法解释为什么电子商务在中美两国发展会表现出极大的差异，也无法解释电子商务对中国经济的影响，等等。事实上，这类比较研究属于概念辨析型研究，一般在新事物刚刚出现的时候大量涌现。

第二类研究是关于电子商务这场新流通革命在中国的独特性。随着中国电子商务的持续发展，越来越多的研究者开始聚焦于对电子商务这场新流通革命在中国独特的展开过程进行论述。这些研究的主题大致也可以划分为两类：一是聚焦于探索中国电子商务发展过程中表现出的不同于其他国家的独特性的原因。比如，李强治分析了为什么中国网络零售会以指数形式快速增长；王超贤则对为什么中国网络零售组织会以平台模式为主导，而不是像美国一样以自营模式为主导等问题进行论述。二是侧重于研究电子商务发展对中国经济的影响。研究者通过对电子商务与经济增长之间的影响机制分析、回归分析等，试图揭示并量化电子商务对中国经济增长的影响机制和影响程度。

第二类研究中的两类研究都处于刚刚起步阶段，还有待进一步完善，其中电子商务对中国经济影响的深入研究尤其迫切。这是因为澄清电子商务对中国经济当前和未来的影响，不仅可以为理解电子商务发展在中国经济中的地位提供事实依据，从而为当前关于电商的发展究竟是好是坏的争议予以解答，更重要的是可以从中推导出电子商务下一步将如何影响中国经济发展，并找出电子商务进一步发展存在的瓶颈，从而设计公共政策，释放电子商务的增长潜力，为中国经济转型发展提供持续的新动能。

关于电子商务对中国经济的影响问题，现有研究存在三个缺陷：第一，没有对电子商务如何影响中国流通体系的基本结构作出实证分析。从产业层面来看，电子商务是发生在流通领域的革命，首先冲击的是流通领域中的传统流通方式，因此利用数据来刻画这个领域内发生的变革是研究电子商务对中国经济影响的第一步。第二，没有给出合理的测算方法来计算电子商务的经济影响。现有的研究一般采用多元回归分析来测算电子商务发展对中国经济的影响，但这些回归模型存在重大缺陷，比如遗漏重要解释变量以及解释变量之间存在共线性，等等。李勇坚在批判多元回归分析的基础上采用了消费乘数的方法，但这种方法的主要的缺陷是利用了整个经济中的消费乘数作为流通领域的乘数。第三，没有对电子商务未来影响的重点领域进行合理展望。

本节致力于研究电子商务发展对中国经济的影响，并将电子商务的经济影响分为当前和未来两部分。对当前经济的影响分析，从产业和经济增长两个维度进行。为了刻画电子商务对流通领域的影响，构造新的统计指标来刻画流通体系中不同流通模式的相对地位；为了分析电子商务对经济增长的影响，使用投入产出分析法计算出流通领域的带动系数。对于未来经济发展影响的分析，主要以人类历史上出现的两次流通革命的全部展开过程为逻辑线索。

一、电子商务对当前中国经济的影响

关于电子商务对当前中国经济的影响，从产业和宏观经济增长两个维度进行分析，而这两个维度的分析面临的主要问题是不同的。在产业层面，中国电子商务发展迅速重塑了流通体系的基本结构。许多人都观察到并指明了这一点，但到目前为止，并没有人利用现有数据来系统地刻画流通领域发生的这些变革。解决这一难题的关键在于如何利用公开的统计数据将中国流通体系的基本结构描述出来。在宏观经济增长层面，问题的关键在于找到流通领域对经济增长的带动系数。

总体来看，关于电子商务对中国经济的当前影响，可以概括为不仅重塑了中国流通体系的基本结构，推动中国流通体系的现代化，同时还带动了经济增长。

（一）电子商务重塑中国流通体系的基本结构

1. 中国流通体系基本结构的统计描述

王超贤在利用统计数据估算专业市场的发展特性时，为了刻画专业市场流通体系在中国国内流通体系中的地位，使用了《中国统计年鉴》中限额以上批发和零售业企业商品销售额作为中国国内商品流通总规模的近似描述，利用亿元以上商品交易市场交易额作为专业市场规模的近似描述，从而用亿元以上商品交易市场的交易额与限额以上批发零售总交易额的比值来衡量专业市场在中国国内流通体系中的地位。尽管这种统计方法存在一些弊端，并不能作出精准描述，但基本上刻画了专业市场在中国流通体系中的相对重要程度。本节将这种方法延伸，利用它来近似刻画其他流通体系的相对地位，从而得出中国流通体系的基本结构。

对连锁零售流通渠道在中国流通体系中相对地位的刻画，利用连锁零售企业商品销售额作为连锁零售规模的近似刻画，利用它与限额以上批发和零售业企业商品交易额的比值来近似刻画连锁零售的相对地位。对网络零售流通渠道在中国流通体系中相对地位的刻画，利用网络零售交易额作为网络零售渠道规模的近似刻画，利用它与限额以上批发和零售业企业商品交易额的比值来近似刻画网络零售的相对地位。由于网络零售模式至少存在C2C、基于平台的B2C和自营式B2C三种，且每一种模式的交易额都有相关数据，因此还可以更进一步地刻画出网络零售的内部结构。

中国流通体系不仅包括消费领域成品的流通，还包括生产领域原材料和中间产品的流通。这个领域的交易较为复杂且缺少直接的统计数据描述。因此，利用限额以上批发和零售业的商品销售总额减去上述消费领域的商品交易额来近似刻画这一流通体系的规模。

2. 电子商务的直接影响：重塑中国流通体系的基本结构

电子商务的迅速发展给中国流通体系带来了深刻变革，表现为重塑了中国流通体系的基本结构。

具体来看，电子商务对中国流通体系的重塑表现在以下三个方面：

（1）基于互联网的新兴流通渠道迅速扩张。与传统流通渠道相比，基于互联网技术的新兴流通渠道因效率更高、交易费用更低，因而具有更好的扩张性。比如在消费领域，经由网络零售体系流通的商品销售总额占全部社会商品流通的份额从2000年的不足1%增长到2015年的10%左右。从网络零售内部的发展情况来看，网络零售的模式分为C2C和B2C两种模式。近年来，伴随着消费升级，C2C模式的份额逐渐减少，B2C模式份额逐渐增加。比如在2015年，以淘宝为代表的C2C模式在网络零售中所占份额首次低于B2C，只占48%左右，而B2C模式的份额则达到了52%。在B2C模式50%的份额中，以京东为代表的自营模式只占20%左右，以天猫为代表的平台型模式占30%左右。此外，在生产领域，以阿里巴巴、慧聪网等为代表的B2B型线上交易渠道的份额则从2000年的不足5%上升到2015年的30%左右。

（2）传统流通渠道快速衰落。在消费领域，过去居中国流通体系主导地位的是专业市场。专业市场是一种交易费用高昂、效率低下的层级型传统流通方式，在美国20世纪初就逐渐被连锁零售这种更加现代化的流通模式所取代，而在我国，传统的专业市场则主要是被新兴的网络零售所逐渐取代。比如从2000年到2015年，在网络零售快速扩张时期，专业市场的份额由50%下降到了不足20%。在生产领域，传统线下流通模式也逐渐被新兴的B2B模式所取代。从2000年到2015年，传统线下渠道的份额从45%下降到35%左右。

（3）连锁零售等现代化线下流通体系的增长速度变慢，但正逐渐通过线下与线上融合发展寻找新的竞争优势。从流通业发展历史来看，连锁零售是第二次流通革命中产生的现代化的流通渠道。在20世纪初到90年代的美国，连锁零售模式逐渐成为占主导的流通模式。在我国，如果没有电子商务的发展，连锁零售这种现代化的线下流通渠道将逐渐取代传统渠道的流通模式，但在连锁零售扩张时期，恰逢电子商务迅速崛起，抑制了连锁零售的扩张速度。在网络零售快速发展的最近10年中，连锁零售的份额只增长了2%左右。不过，随着网络流通渠道的快速扩张，线下流通企业开始探索通过自建线上渠道或与现有线上流通企业合作等方式，实现线上线下融合发展。比如，2015年中国连锁经营百强企业中有83家正在开展网络零售，传统连锁百货巨头银泰与线上龙头企业阿里巴巴展开合作，等等。

概括来看，电子商务的快速发展不仅重塑了中国流通体系的基本结构，加速了中国流通体系的现代化进程，而且使得中国流通体系的现代化道路不同于美国。比如，电子商务的快速发展没有给连锁零售足够多的发展和扩张空间来取代传统流通渠道，却为连锁零售体系提供了线上渠道，促使其发生新的变革。再比如，在电子商务快速发展之前，中国流通体系的初始状态是传统专业市场模式占据局域主导地位，这显著不同于美国电子商务发展之初其流通体系是现代化的连锁零售局域主导，从而造成了中国网络零售在发展过程中呈现出主导模式是平台模式而非美国的自营模式。

（二）电子商务促进中国经济的增长

电子商务可以从多个维度来影响宏观经济增长。比如李勇坚从微观、中观和宏观三个维度揭示了相应的机制：在微观层面，电子商务通过提高交易效率促进经济增长；在中观层面，电子商务通过促进企业规模结构和产业结构调整以及有利于进出口等多个机制来促进经济增长；在宏观层面，电子商务可以通过规模效应和乘数效应推动经济增长。杨坚争等则重点强调了电子商务可以通过改善经济效率来促进经济增长，而改善经济效率主要依靠降低交易费用，具体包括降低发现交易对象、价格搜寻、考察和谈判、防范机会主义行为、维护市场交易秩序的费用，等等。

不管研究者归纳总结的电子商务促进经济增长的机制是什么，基本的共识是电子商务的确可以促进经济增长。问题的关键在于这种影响的程度到底有多大，许多研究者致力于这项研究。总的来看，现有的研究方法有两类，一类使用计量经济学中的多元回归分析方法，另一类使用消费乘数方法，但这两类方法都存在问题。计量经济学方法的缺陷在于模型的建立问题，消费乘数办法的难题则在于估计出电子商务带来的新增消费以及消费乘数。

鉴于现有研究的缺陷，本节采用投入产出方法来估计。投入产出法在形式上与消费乘数办法类似，但基本逻辑却完全相反。消费乘数法的逻辑是用电子商务带来的消费变动乘以消费乘数，这是从需求角度进行考察的。而投入产出法的逻辑则是用电子商务带来的消费变动乘以影响力系数，是从供给角度进行考察。我国当前正处在居民收入快速增加、消费倾向快速变化的背景下，此时使用消费乘数法可能会导致较大误差，从而低估电子商务的经济影响。在需求快速变化的背景下，从供给角度进行的研究更具有稳健性。

关于电子商务带来的消费新增部分的计算，采用麦肯锡 2013 年的研究结果，即在网络零售中，新增的部分为 40%。假定这一新增比例在近年来维持不变，估算电子商务对其他产业渗透带来的影响的关键在于计算出批发和零售业的影响力系数，这可以采用投入产出法来计算。根据国家统计局公布的《2012 年中国投入产出表》，计算出批发和零售业对各行业的影响力系数之和是 1.87。影响力反映的是技术上的投入产出关系，一般这种技术上的投入产出关系在一定年份内保持不变，因此假定近年来批发和零售业对其他行业的影响力系数和维持不变，都是 1.87。在得到两个关键系数的基础上，可以计算出电子商务对中国经济的总影响。

电子商务对中国经济的促进作用逐年增加，到 2015 年，电子商务对经济增长的贡献达到了 4.23%。可以预计，随着电子商务继续保持快速增长，它对中国经济增长的贡献将继续增加。

二、电子商务未来进一步影响的主要领域

以上从产业和宏观两个维度描述了电子商务对中国经济的当前影响。然而，电子商务对中国经济的影响是否仅限于上述所讲，这是一个很难回答的问题。因为电子商务的发展并没有结束，仍旧处在发展过程之中，所以本节基于历史视角，剖析电子商务对中国经济的未来影响。作出这一研究决策的基本考虑如下：电子商务是人类历史上发生的第三次流通革命，尽管在具体发展过程中会表现出独特性，但其总体发展趋势方面可能存在相似性（比如在发展阶段，流通革命与生产领域的革命协同互动等）。因此，在观察前两次流通革命全部发展历程中表现出的总体规律的基础上，综合电子商务的发展特性，对电子商务的未来经济影响进行分析。

（一）从历史角度考察流通革命的全部影响力

历史发展规律表明，流通领域革命的全部完成不仅需要流通领域彻底系统的变革，更重要的是它将与生产领域的革命协同，共同推动新的科技革命和产业变革完全展开。比如，在 18 世纪中期，第一次工业革命的兴起产生了大量待销售的工业产品，而此时居于主导地位的流通体系是传统的本地化集市，这些集市是与农业生产和手工生产相适应的流通方

式，它们无法满足大量工业销售的需要，由此催生了以专业市场为主的第一次流通革命。而专业市场的发展则通过把工业产品销售给非本地市场的消费者而扩大了市场，这反过来有利于工业生产的分工深化和效率提升。历史学家布罗代尔详细记录了这场在地中海地区发生的流通革命与工业革命之间的互动过程。

同样的故事也发生在 19 世纪末 20 世纪初。当时，在新技术和制度变革下催生了大规模生产体系的出现，由此在流通领域引发了一场以连锁零售为代表的第二次流通革命。同样，流通领域的革命则为工业领域开辟了更为广阔的市场，促进了分工深化。这场主要发生在美国的流通革命与工业革命之间的互动过程被企业史学家钱德勒（Alfred D.Chandler）详细地记录了下来。

当前，电子商务的发展仍旧以流通领域的变革为主。从历史发展过程来看，可以得出判断：电子商务仍旧处在其全部生命周期的前中期。同样我们也可以预测：在未来，电子商务将通过和制造领域的协同互动对中国经济产生更重要的影响。

（二）电子商务对中国经济下一步影响的重点领域

1. 电子商务对流通领域的影响

（1）农村电商、跨境电商与智慧物流进一步快速发展，新兴的互联网流通体系到持续重构。尽管经过十多年的高速发展，中国已基本建成了主要覆盖城市的互联网流通体系，但仍有三个方面需进一步完善，即农村电商、跨境电商与智慧物流。发展农村电商可以将更大范围内的消费群体纳入高效率的新兴互联网流通体系中，从而释放原本因价格过高或选择过少而被抑制的需求。发展跨境电商有助于产品全球流通，从而拓展消费者的选择空间和生产者的市场边界。发展智慧物流则能够提升产品流通效率，从而提升互联网流通体系的运行效率和网购消费体验。事实上，这三个领域是当前电商发展的重点领域，也是推动电商发展的主要驱动力。

（2）探索线上线下深度融合新路径，推动实体商业和互联网流通体系创新发展。实体商业和线上流通渠道各有优劣，它们之间更多地体现为互补而非替代关系。推动线上和线下渠道的深度融合，是互联网条件下实现流通体系创新发展的必由之路。与前期通过补贴、新增线上或线下渠道等手段实现二者的简单融合不同，在未来，实体商业和线上流通企业需探索适合自身的全新融合路径。比如，对实体商业而言，应着重利用互联网、人工智能、大数据等新一代信息技术来更有效率地处理订单和优化服务流程，以提高商业效率；对互联网流通企业而言，关键在于将新一代信息技术应用到实体商业的全过程，重组线下商业服务流程，提升用户黏性和消费体验。

（3）努力提升电子商务技术创入水平，建成基于效率的创新型流通体系。中国流通体系持续发展和继续引领世界只能依靠创新。在粗放型发展阶段，依赖商业模式创新以及劳动成本和市场优势，中国电子商务以较低的技术创新投入获得较快发展。进入新的发展阶段，随着竞争日益加剧、科技日新月异、消费者期望节节攀升、劳动力成本增加，较低的技术创新投资水平很难维持电子商务可持续增长。因此，政府和企业必须致力于进一步提高流通业信息化、智能化水平，将大数据、云计算等运用到流通业，推动流通业技术创新，构建更加数字化的、基于效率的创新型流通体系。

2. 电子商务对制造领域的影响

（1）与代工企业协同，在破解代工企业转型升级难题的同时，增强电子商务的供给能力。改革开放以来，中国依靠出口导向型发展战略取得了经济增长奇迹，而代工企业是构成这一发展战略的核心微观主体。中国存在着大量的代工企业，它们具有较强的制造能力，但技术创新能力和市场能力是短板。代工企业要实现转型升级，除了提升技术创新能力外，还必须增强市场能力。电子商务与代工企业协同互动，一方面可为代工企业跨越市场能力鸿沟提供桥梁，辅助其破解转型升级难题；另一方面也可以从供给侧丰富电子商务生态，提升产品和服务供给能力。

（2）与智能制造融合发展，推动第三次工业革命向深层次演进。历史上，流通领域的变革总是与制造领域的变革相互影响、相互促进。而流通领域变革与制造领域变革的融合发展则既是工业革命向深层推进的重要标志，也是其根本动力。在中国第三次工业革命展开过程中，流通领域率先变革，并实现了跨越式发展。依托先发展起来的电子商务体系，逆向带动制造领域的智能化革命，成为推动中国工业革命的现实路径之一。事实上，电子商务是智能制造的逻辑起点。二者协同互动产生的代表性模式以个性化定制为主，包括C2B或顾客对工厂（Customer to Manufactory，C2M）等具体模式。领先企业已经在电子商务与生产领域的协同上进行了探索，涌现出了海尔、格力、红领等代表性企业。鼓励并支持更多企业参与这类创新探索，将推动中国第三次工业革命持续展开，抢占发展先机。

三、电子商务进一步发挥作用面临的主要问题

新一轮科技革命和产业变革总是会带来国际竞争格局的变化，将不能跟上新技术经济范式的在位国家甩在身后，但也为后发国家提供赶超的机会窗口。电子商务不仅是新的科技革命和产业变革的先锋队，更是其根本驱动力之一。推动电子商务朝着更深层发展，关系到中国能否抓住新的科技革命和产业变革带来的机会窗口，实现追赶乃至赶超。但从发展现实来看，电子商务向深层发展过程中碰到了如下问题：

（一）就业替代效应逐渐显现，引发结构性冲击

从长远来看，高效率的互联网流通体系替代低效率的传统流通体系是一个资源配置优化过程，有利于长期经济的健康发展，但这个从长期看有效率的变革却在短期内造成了就业冲击。因为被替代的传统流通部门进入门槛低，劳动力密集，一直以来充当着低技能劳动者灵活就业的吸附器。在当前总体经济增速下滑和结构调整的新阶段，妥善处理好短期结构性就业冲击，是推动电子商务向深层平稳发展一个绕不过去的问题。

（二）网络市场秩序不规范，电子商务持续繁荣缺乏坚实的保障

支撑中国互联网流通体系增长奇迹的是以阿里巴巴为代表的平台模式。平台型互联网流通体系的持续繁荣要求更加规范的网络市场秩序作为保障，但当前中国网络市场秩序存在缺陷：一是相关法律法规不够健全，执行无力；二是网络市场监管和治理力量主要来自“民间”，主要是平台自治和以消费者为主的社区治理，政府参与治理的主动性较差；三是商业信用体系不完善，等等。正是这些缺陷导致中国网络市场的治理体系不够规范、有力，造成网络市场中假货频现、消费者信任丧失的问题，阻碍了电子商务的继续发展。

（三）技术创新投资不足，电子商务创新发展乏力

在新的阶段，支撑中国电子商务继续引领世界的根基是创新，但中国互联网流通业在技术创新上的投入不足。据麦肯锡的测算，中国电子商务行业的投资水平只有营收的2%~4%，且主要投资在物流领域，而亚马孙在自动推荐算法、动态定价等创新技术上的投资水平则达到了营收的5.5%。中国技术创新投入水平偏低的根源多种多样，比如，互联网流通的平台型发展模式内在的难以解决技术公共品投资难题是造成技术创新投资不足的组织原因，大量存在的对产品安全和质量不敏感的消费者需求则弱化了企业技术创新投资的压力，等等。

（四）电子商务生态和协作体系不完善，代工企业市场能力短板难以系统弥补

互联网时代，从根本上弥补大量代工企业市场能力短板，不能仅仅依靠代工企业自身的努力，而应构建一个既具有垂直纵深，又兼有横向一体化的产业生态体系，通过专业化的企业和创业者的复杂分工协作来补全。但当前中国电子商务产业生态体系存在以下问题：第一，互联网流通生态体系有待发展，主要表现为覆盖城镇乡村的智慧物流体系尚不完善，物流资源整合不够，物流成本过高；第二，网络商业服务体系欠发达；第三，在大量传统流通业或代工制造业发达的地方，电子商务双创平台的发展仍不充分。

（五）流通领域变革与制造领域的协同互动充满不确定性和复杂性，创新探索局限于领先企业

作为电子商务与制造领域协同产物的个性化定制模式是对大规模生产和大规模定制生产方式的颠覆。它运行在一套新的商业逻辑之上，是一场系统革命，需要生产流程重组、企业组织与价值链重构等系列变革，充满了不确定性和复杂性。在当前工业体系下，过高的技术、数据和资本进入门槛，导致能够应对这一系统性挑战的是那些技术和资本相对雄厚、拥有丰富数据资产且具有创新精神的领先企业，大量企业仍被挡在了门外。

四、主要政策建议

在识别了电子商务影响力进一步发挥过程中存在的障碍之后，可以设计出针对性的公

共政策来推动电子商务的进一步发展。这些政策主要包括以下内容：

（一）筑起多层次缓冲机制，减轻结构性就业冲击

首先，继续完善社会保障体系，为低技能失业劳动者提供最低保障；其次，建立健全电子商务相关技能培训体系，填补传统流通体系从业人员在互联网流通体系中重新创业的技能缺口，以二次创业促进就业；第三，壮大网约租车、租房等分享经济，为传统流通体系中的低技能从业人员提供更多可靠的灵活就业机会。

（二）规范网络市场秩序，营造公平的法治化营商新环境

为规范网络秩序，可以针对性地出台如下政策：第一，加快电子商务立法，加大对侵权假冒、无证无照经营等违法经营行为的打击力度；第二，构建多方参与、重点明确的包容性协同监管体系，划清政府与平台监管职责，创新监管方式和手段，强化事中和事后监管；第三，推进商务信用体系建设，形成以政府信用平台为中心，企业和公民等多方主动参与、标准统一、信用信息安全共享的个人和企业商务诚信体系。

（三）建立电子商务创新发展基金，引导并鼓励产业提升技术创新投资水平

第一，设立电子商务创新发展基金，资助流通产业中具有公共产品性质的重大技术创新项目；第二，鼓励并积极引导社会资本加大对流通领域在移动互联网、大数据、人工智能等新一代信息技术应用上的投入；第三，顺应消费需求升级等市场条件变化，推动产业发展模式变革，消除企业技术创新投资不足的内生缺陷，增强创新投入的动力。

（四）继续完善智慧物流等支撑体系，通过生态化与协作化补齐中小制造企业市场能力短板

首先，加大流通业基础设施的信息化改造力度，以物流信息平台建设为重心，整合物流资源，完善智慧物流配送体系建设；其次，以建设商业公共服务云平台为核心，鼓励网络商业服务业发展，为中小制造企业提供完善的商业通用技术应用服务；再次，在传统流通业和代工制造业发达地区大力发展电子商务双创基地，为创业企业提供办公场地、工商注册、运营指导等软硬件一体化的支撑服务。

（五）鼓励并支持个性化平台建设，构建数据资产共享体系，促进电子商务与制造领域协同互动的普遍化

第一，鼓励并支持个性化定制平台建设。支持一批个性化定制平台企业发展，鼓励它们发展验厂（工厂审核）、供应链金融、信用等服务，将定制集成企业与中国现有的小而精工厂的制造能力高效率地匹配起来，降低个性化定制的进入壁垒；第二，构建数据资产安全共享体系。数据资产是实现个性化定制的核心。构建数据资产共享规则，打破部门分割和行业壁垒，促进互联互通、数据开放、信息共享和业务协同，建立数据资产共享管理与服务体系实现跨部门、跨区域、跨层级、跨系统的数据交换与共享。

第二节　数字经济时代我国农村电子商务

在移动互联网与物联网的快速发展、普及率大大增加的背景下，我国已经进入数字经济时代，数据总量指数级增长态势愈发明显，数据分析技术较好地得到创新性提升，更进一步地凸显大数据的隐性价值，已然成为我国农村电子商务飞速发展的强大引擎和新的动能点。与此同时，农村电子商务的快速发展，同样更大程度上赋能予农、助力乡村振兴，这就为推动农业产业转型升级、实施大规模高质量的精准脱贫、进一步又好又快地解决“三农”问题等方面奠定了基础。

一、大数据助力农村电商发展

众所周知，全球经济数字化转型的进程逐步加快，我们期待的新时代已经来临，它的新特征是更加注重数据的内在价值。2018 年《全球数字经济竞争力发展报告》蓝皮书指出，我国数字产业发展动能强劲，竞争力排名世界第二，而同样我国综合国力排名也是第二，这充分说明数字竞争力与其整体竞争力高度呈正相关，也即是数字竞争力强的国家一定程度上更容易产生颠覆性创新，从而促进整体竞争力的提升。引领数字经济，壮大发展动能，这就要求我们必须牢牢把握大数据资源，抢占数字先机，掌握我国数据主权，使得大数据助力我国农村电子商务的快速发展。

我国正在加快建设数字中国、智慧社会的步伐，而作为数字中国、智慧社会的技术支撑——大数据，其国家级综合试验区已经建成，与四个集聚区域协同发展，共同进步，这四个区域分别是京津冀、长三角、珠三角和中西部。新时代催生新技术，大数据、区块链、云计算、AI、AR/VR 等数字技术的出现，使得电子商务的应用场景更加丰富；与此同时，新时代催生新的营销模式和新的商业业态，如新零售、数字营销等。而对于通过传统线下渠道销售的农村电商企业，它们没有爆炸性增长的数据，也就不具备大数据特有的优势，所以大数据必将成为农村电商企业未来的核心竞争力。

二、农村电子商务助力乡村振兴，为产业崛起提供新的增长动力

（一）我国农村电子商务发展增速明显

在数字经济快速发展的背景下，随着我国电商产业规模进一步扩大，其应用领域深化的程度也逐步增强。近年来，我国电商发展热度不减，交易额逐年攀升，最重要的是网络零售额排名全球位居首位。2018 年我国电商规模增长态势明显，网上零售额 9.0065 万亿元，同比增长 23.9%；农村网络零售额 1.37 万亿元，同比增长 30.4%。

（二）农村电子商务脱贫进程加快

2018 年我国继续通过创建电子商务进农村综合示范县，进一步推进电商扶贫脱贫，实现赋能予农最大化，扩大农民就业，促进农民收入持续增长。2017 年我国利用阿里巴巴、京东等电子商务平台发掘上线贫困地区商品，实现网络销售额 1208 亿元，成功带动国家级贫困县改善贫困状况，促进农民提质增收，成绩可喜，农村电商脱贫进程得到大幅度加快。

（三）网民规模大幅度增加

互联网在农村地区的普及率显著提升。2018 年 12 月，中国互联网用户数量大幅增加，达到 8.29 亿，其中包括 2.22 亿农村网民 (26.7%)，农村网民年增长率为 6.2%。

（四）农村电子商务网店突飞猛进，大幅度拉动就业

近年来，农村电商潜力巨大，市场仍未达到饱和状态。农村网上商店的数量一路高歌，高达 986 万家 (阿里巴巴有超过 100 万家)，农村电商平台众多，包含农村淘宝、拼多多、云集及有赞等平台，带动就业超过 2800 万人。

三、我国农村电子商务发展面临瓶颈制约

（一）基础设施落后导致流通成本增加

首先是信息化建设的水平，有一定的滞后性，包括：网络覆盖不全，信号差，网络速度慢。由于市场化培育成熟程度还不够高，流通结构较冗杂，中间环节繁杂、农户和零售终端规模小，从而导致物流成本居高不下。此外，农村金融服务水平明显落后，这也是制约农村电子商务的健康持续发展的重要瓶颈，这是由于农村地区人口密度低，银行等金融机构在开设网点时的经营成本高而造成的。

（二）发展不平衡制约电子商务高质量发展

农村电子商务发展的不平衡主要是地理差距造成的，我国东部地区，地理区位优势明显，发展水平较高，网络零售额占比 85.3%；而我国西部地区位置偏僻，虽然农村电商增速相对较快，但发展颇为缓慢，比例仍然很小。此外，城乡失衡明显。主要体现在工业品下乡与农产品进城，差距突出，制约农村电商发展。

（三）发展不完善影响产品竞争力

我国虽然出台了相关电子商务法律法规，但一些政策法规环境和标准化建设仍不健全，有待改善。新时代催生新技术，催生新业态新模式，就需要进行监管方式的改革，亟需构建公平竞争的新环境，搭建信息安全新机制，以保障农村电商产品竞争力。

四、赋能予农，深入推进农村电子商务发展的对策与建议

（一）技术融合激发农村电子商务发展新动能

新时代催生的新兴技术，如大数据、人工智能、AR/VR 等技术日益融合，使农村电子商务的商业场景越来越丰富，进一步成为了农村电子商务的新动力。大数据之“大”，突出的特征是数据的联通。目前，亟需冲破部门之间存在的数据烟囱，推翻产业之间存在的数据障碍与壁垒，从而加快大数据与实体经济一体化融合发展的进程。

新技术孵化新商业，电商平台与传统产业快速融合，进一步优化供应链资源配置，为数字化生态的协同构建奠定基础；电商运营与社交网络互相高度融合，促使用户之间黏合关系更加稳定；电子商务与内外贸加快融合，也成为推动资源要素之间自由流动的重要一环。

（二）赋能予农，产业数字化加速推进

“赋能于农”作为新名词，具有新的内涵。它指的是一种具有优质高效资源的农业者与客户之间整合发展的状态，理念是开放共享、合作共赢，达到成本低、效率高、用户体验满意度高的目标。

新商业催生新业态，我国进入数字经济时代以来，高商品质量和用户体验度得到高度重视，这必然催生新零售业态，其核心竞争力发生较大变化，转向用户满意度的提升与应用场景的丰富。

（三）加大相关基础设施建设，释放强劲活力

配套完善、设备齐全的基础设施是促进电子商务发展强有力的支持，但农村地区的基础设施不够完善，这就成为农村电商发展的硬伤与瓶颈。因此，亟需大力实施“互联网+流通”，帮助农村电商弯道超车，上升新台阶。

一是加快农村物流体系建设。在财政政策大力扶持的基础上，创新建立资金长效机制，引入民间与社会资本投资，鼓励“四网融合”，构建农村物流体系网。二是加快城乡一体化进程。提高农村地区宽带入网率，扩大农村网民规模，加大宣传，缩小农村差距。三是发展多元化的农村金融体系。整合金融机构、政策性金融、民间信用，创新农村金融体系，更好地为农村电商服务。四是整合物流信息与物流企业。引入并运用好第三方物流企业，建立物流信息共享平台，培养高素质的物流配送人才，加快促进物流支撑体系更加科学高效。

（四）加大监管力度，规范市场运行

一是充分发挥《电子商务法》等法律制度的引领、规范和保障作用，加大监管力度，保障市场更加规范。二是及时梳理、更新与修订，线上线下全面抓，规则统一，让不法分子无漏洞可钻。三是健全新业态标准体系的完善，建立农产品追溯体系，进一步规范市场

主体行为，确保农产品电商可持续发展，建设更加“和谐、清朗、规范”的农村电子商务发展新环境。

第三节　数字经济时代越南电子商务发展

本节分析了数字经济背景下越南电子商务发展的趋势，指出了越南电子商务发展的优势和不足，并与其他国家电子商务发展相比较，在分析越南电子商务发展机会以及当前瓶颈的基础上，提出发展建议。

“数字经济”是信息和商务活动都数字化的、全新的社会、政治和经济系统。数字经济符合电子商务发展趋势，能够带来效率和高利润价值。尤其是，在当前传统经济变得逐渐饱和的情况下，数字经济显示出它的发展潜力和重要性。据专家称，越南的数字经济倾向于通信、娱乐和时事方面，在电子商务等许多其他领域仍然面临很大的挑战性。在越南超过 53% 的人口在使用互联网，近 5000 万名用户使用智能手机。因此，越南的电子商务市场具有巨大潜力，并可能在不久的将来蓬勃发展。

一、越南电子商务的现状

电子商务是一种现代工具，可帮助企业快速地进入市场并了解市场信息，帮助企业充分利用公用事业进行贸易运营。企业还可以在能够使用互联网的任何方面向潜在客户提供产品和服务相关的信息。

根据 2017 年 WeAreSocial 组织使用互联网情况的调查结果显示，目前越南互联网用户数约为 9600 万人次 (占越南总人口的 60%)。另外，网上购物的数量总体呈现增长趋势，从 2013 年的 10.79% 增长到 2018 年的 16.23%。

去年，越南电子商务转化率超过了东南亚的平均水平，较高的网站访问率可能促使电子商务的成功销售。越南的电子商务企业的转化率高达 65%，是东南亚地区最高的。新加坡的转化率排名第二，印度尼西亚的转化率排名第三。

越南的高质量企业协会近年来评估了 Lazada，Tiki，Shopee，Sendo，Adayroi 等一系列电子商务网站推出的产品和服务。网上购物相对于越南消费者来说并不陌生。当年轻消费者越来越多地参与社交网络的购买和销售时，在线购物市场变得更加令人期待。移动平台上的电子商务和电子商务的定位将继续成为全球主流，约占全球零售总额的 25%。正如预测的那样，2018 年将进入人们熟悉网上购物的电子商务时代。

然而，价格、产品和服务质量等问题仍然是影响用户在线购买产品积极性的重要因素。与此同时，随着越来越多的消费者更进一步地了解电子商务平台，平台对品牌、服务风格、技术平台、运输、支付、售后等附加服务也应当加以完善，应当对电子商务进行全面的发展。

二、越南电子商务的挑战

近年来越南电商市场规模呈扩大趋势，社交媒体购物也颇受广大群众的欢迎。

首先，国外竞争者对越南的投资浪潮表明，未来的电子商务可能只是一个大牌企业的游乐场。许多专家预测，在不久的将来，越南的电子商务将由二或三家公司主导，占据80%的市场份额，而较小的公司只有进入利基市场的途径。目前，越南消费者，尤其是年轻消费者，非常喜欢通过亚马孙(Amazon)、亿贝(eBay)等外国电子商务网站购买产品。由于外国商品丰富多样，且国外完成在线购买合同订单的成本较低，有广阔的选择性，因此电子商务适合城市年轻消费者。

其次，激烈的竞争环境不利于财务能力、技术能力和管理能力薄弱的企业。事实上，如果要与国外电子商务行业竞争，资本薄弱是国内企业的主要障碍。此外，如果供应商不选择电子商务解决方案，就不能收回任何好处，且很容易造成高昂的成本。

第三，许多统计数据和报告也显示，越南网民购物的人口数量增长趋势强劲，但仍低于区域国家。具体来说，印度尼西亚90%的互联网用户通过移动设备在线购物，这是东南亚地区参与网上在线购物占最高百分比的国家。虽然在越南的网上购物百分比是70%，是东南亚最低的，但是在东南亚，平均只有47%的企业采用货到付款(COD)交易方式，而越南，超过80%的企业支持货到付款(COD)支付方式。在新加坡和马来西亚，这一比率仅为20%。

第四，大多数越南企业，特别是中小型企业不是通过投入适当的资金进行研究活动，以了解外国客户的直接销售口味，而是通过中介经销商进行商务研究活动。在声誉方面，与许多全球在线卖家相比，国内在线卖家仍然疲弱。国内产品的质量和设计仍然不如许多其他国家的同类产品。

第五，薄弱的技术基础设施使越南的电子商务不仅难以与其他的发达国家竞争，并且可能面临不必要的事件或网络安全方面的挑战。Lazada在2017年电子商务概览论坛上的统计数据显示表明，如果AAG光缆在两三周内被破坏，Lazada每天会损失30%的平均收入。因此，电子交易的不安全性、法律体制的不健全性、信息安全等问题仍然让消费者感到不安。最近，越南发布了许多法律文件，迫使企业在电子商务中为用户提供更合理的商品和服务，而不是进行一些可能损害消费者权益的行为。然而，关于消费者保护的法律并不具有高度可行性，在电子商务合同、电子交易安全、消费者权益特别是隐私权保护等方面，监管体系不够完善，因此消费者在网上购物时仍然会感到不安。

三、越南电子商务的发展建议

越南被认为是世界上最具活力的电子商务发展的地区之一，既有自身的优势也面临着挑战。在未来一段时间内，越南电子商务的发展趋势不会逆世界的发展大趋势，即：工业革命的典型技术 4.0(大数据，物联网等)。世界的发展在将来会启动新形式的电子商务应用模式。共同经济模式蓬勃发展；多渠道销售方式在企业中得到广泛应用；跨境电子商务增长迅速；移动电子商务已经变得流行起来。因此，在未来，越南在举行电子商务相关活动时有必要注意以下问题：

首先，改善法律环境。为了更好地发展电子商务，有必要通过制定和规范贸易活动的法律和分法文件以及适应法律和国际惯例来改善法律环境。在经济电子商务交易方面，有必要继续颁布新政策，修补法律框架和完善电子支付发展政策，以增加系统中用户和企业的信任，加强政策的执行和协调合作，发展国内和国际电子支付服务。

此外，越南电子商务协会和电子商务企业需要研究并建议修改不再适合电子商务发展的法规与政策。

其次，国家需要直接颁布相关新政策，继续鼓励和吸引社会投资、私人投资，以开发电子支付的技术基础设施。同时，为促进电子商务公共服务的发展，国家机构必须在公共采购和招标中应用电子商务相关技术；为增强行政改革的透明度，提高相关国家行政管理和电子政务的有效性，国家银行应积极实施非现金支付方案，继续完善电子支付相关法律政策；提供电子海关、税务申报、纳税和电子进出口程序等公共服务。

第三，确保电子商务交易的安全。电子商务对经济发展有许多积极的影响，但也容易受到病毒攻击、网站攻击、垃圾邮件袭击，甚至出现从 ATM 卡上偷钱的案例等。

特别是要求电子商务交易大厅设计适用于企业和楼层的产品质量控制流程，采取有效措施防止和制裁企业销售假冒伪劣商品。电子商务，需要加强网络安全，电子支付信息的安全性。针对电子商务网站，要及时进行科学合理的安全综合性能评估，及时发现并解决安全隐患。如果有一个稳固而稳定的技术平台，用户更容易接入，那么电子商务的障碍肯定会缩小。

第四，要通过合作和竞争提高企业管理能力。企业需要考虑建立共生关系的合作计划，以满足电子商务过程的每个环节，避免将自己绑在“自制”的压力线上。

第五，加强培训和相关人力资源的开发。为了发展电子商务，除了需要强大的信息学专家团队，定期追赶新兴的信息技术成就，能够设计软件以满足对数字经济的需求，也要求每个电子商务参与者都能够使用计算机，能够在互联网络上有效地交换信息，对贸易有必要的了解。因此，有必要培养信息专家，这不仅是为国家的企业管理者，而是为所有人普及电子商务的知识。

第六，积极与各国和国际组织开展电子商务合作，促进跨境电子商务和非纸质贸易。2017 年 11 月 8 日外交部部长外部部长会议——经济部 APEC 通过了越南倡议的重要文件之一，即越境电子商务促进框架。越南作为世界贸易增长最快的国家之一，从二十年前的几乎为零的起点到 2016 年底，全球跨境电子商务达到了 1920 亿美元。

第四节　数字经济时代高校应用型电子商务人才培养

中国数字经济发展步入飞速发展的新时代，电子商务人才的需求也呈现“井喷”趋势。教育部提出了将人才培养的质量和效果作为检验一切工作的根本标准。本节首先介绍我国电子商务引领数字经济飞速发展的现状，接着分析我国电商人才培养的新需求和现状，最后提出应用型电子商务专业人才培养的新举措。

一、中国步入数字经济新时代

数字经济是一个经济系统，是继农业经济和工业经济之后更高级的经济阶段。数字经济以数字信息为关键生产要素，以网络为主要载体，以科技创新为核心驱动力，通过信息技术与实体经济的深度融合，提升传统产业效能。信息技术被社会广泛应用，促使整个经济环境和经济活动发生根本变化。

目前，我国的数字经济发展步入飞速发展的新时代。云计算、大数据、人工智能、生物识别、移动互联网、物联网、虚拟现实、区块链等新兴技术正快速、广泛地在工业、服务业和农业中应用，并成为重要的生产要素。新技术、新模式、新业态为我国的经济发展和企业升级转型带来了新的挑战和机遇。

电子商务作为数字经济中最活跃、最集中的表现形式之一，引领我国数字经济飞速发展。2017 年中国电子商务交易规模继续呈现高速增长态势，全年电子商务交易额达 29.16 万亿元；跨境电商进出口交易总额达 902.4 亿元，同比增长 80.6%；国内网购用户规模达 5.33 亿；全年快递业务量达到 400.6 亿件；电子商务直接从业和间接带动就业达 4250 万人。

二、数字经济新时代对电商人才培养的新要求

（一）电商人才需求

在数字经济的新时代，除了电商企业之外，大量的传统企业采用“互联网 +”的战略进行转型升级，必将出现更大量的电商人才需求。目前，传统企业招聘要求注重实践的技能，要求不需培训或简单培训就能直接上岗，能够做到“即插即用”。

（二）电商人才就业结构的变化

新技术的发展与新模式的创新必然会提升劳动力效率，同时也会造成就业结构的变化。全球第一次工业革命引发了“机器问题”，大量工人被机器取代。在数字经济新时代，特别是人工智能、大数据这类技术，迫使很多重复性工作、思考模式可被理性推算的工作将被大量取代。例如在目前电商行业中的销售、客服、分拣、快递、司机、会计等岗位将会

大大地减少。我国知名的电商京东集团，为了支撑电商平台的日常运营，目前需要16万名员工。在2018年初公司宣布："未来在京东员工数量减半，每天只需工作2-3小时，将全面实现无人公司，用AI技术颠覆传统管理与服务方式。"大量的物流分拣、装卸、配送以及客服等工作将被机器人替代，不但意味着劳动力的大量减少，对于劳动者的能力也有了更高的要求。

在数字经济新时代，随着电子商务产业的不断发展，电子商务岗位职责分工越来越细，要求人才具备某项专业的能力；工程技术、经济管理和综合管理每类岗位对另外两类岗位相关的技能都有涉及，说明电子商务人才复合型的特点。为了更好地适应变革，更多的优秀企业需要招聘懂技术、熟商业、会创新的综合型人才。人工智能的发展将创造很多新的岗位，大数据分析师、AI智能专家和机器人监控等高端的专业人才需求将大量增加。

（三）电子商务类专业的培养目标

2017年9月24日，中共中央、国务院发布《关于深化教育体制机制改革的意见》，明确提出"要注重培养支撑终身发展、适应时代要求的关键能力"。《意见》指出："在培养学生基础知识和基本技能的过程中，强化学生关键能力培养"，具体包括学生的认知能力、合作能力、创新能力和职业能力等四项关键能力。

在数字经济新时代，就业结构的变化要求高校应用型电子商务的教育也要与时俱进，把人才培养的质量和效果作为检验一切工作的根本标准。电子商务专业是计算机科学、市场营销学、管理学、经济学、法学和现代物流的新型交叉学科。电子商务类专业的培养目标是具备现代管理、营销和信息经济的理念，掌握信息技术技能，具有互联网思维及创新创业素质，适应数字经济时代的商务运营、专业管理和技术服务需要的复合型、应用型、创新型专业人才。

三、高校应用型电商人才培养现状

电子商务在我国应用与发展的时间不长，1998年国内的部分高等院校开始开设电子商务专业，并进行电子商务人才的培养。通过二十年的发展，在学科的理论体系、培养模式等方面都在不断地摸索和完善，但由于电子商务技术和商业模式的飞速变化，对电子商务人才的培养提出了更高的要求。目前，高校在电子商务学生的培养过程中存在着一些问题，具体表现如下：

第一，定位不清晰，专长不突出。电子商务专业涉及文科，又涉及理科方面的内容，如管理学、经济学、统计学、营销学、贸易学、信息科学与技术、计算机和通信技术等。在专业课程设置方面，多追求"大而全"的形式，而这些专业课程大部分难度大、内容深，学生难以全面掌握和深刻理解。学科之间的关联性没有整体全面的规划，容易出现内容重复交叉等现象，造成教学的重复与缺失。

第二，教学内容陈旧，没有与时俱进。电子商务相关的技术和商业模式都在飞速发展，新零售、O2O 社交电商、移动电商、跨境电商、云计算、大数据、AI、AR 和 VR 等新趋势和技术不断涌现，教材撰写和出版周期长，教学课程的教材和案例，难以跟进电商的最新趋势。比如去年的一个 O2O 模式的成功案例，今年该企业已经销声匿迹。另一方面电子商务的高校教师可能缺乏企业的实践经验，只能获得有限的教学案例，浮于纸上谈兵，无法教授真正的实践技能。这样会造成教学内容与实践应用不能有效结合，与电子商务运营性强、实战性强的专业特点不符，更难具备一定的前瞻性。

第三，实践环节欠缺。应用型高校培养适应企业需求的人才，要求专业知识与职业技能相结合。高校比较重视理论教学，但是对实践教学投入和关注较少。电子商务专业实战性强，实践应用涉及电商平台、仓储物流等，需要较大的投入，而学校教学资源有限。另外，缺乏稳定、合适的校外实训企业。一般创业型电子商务公司，受到场地、资金、业务规模等因素的影响，需要的员工能够在岗位上独当一面，难以大规模地接收大学实习生。而大公司一般提供的是客服、仓储和销售等劳动密集型的实习岗位，对学生的吸引力不高。

第四，缺少职业素养培训。高校教育大多以专业理论教学为主，对于学生的抗压能力、学习能力、沟通能力、职业素质方面的培训和锻炼比较欠缺。在职场中，电商毕业生往往不具备真正的解决实际问题能力，这时需要有很强的学习能力和坚强的毅力。而且，他们在工作中无法独立处理相关事务，沟通能力弱，难以融入团队，对于工作的压力无法适应。从而无法满足企业和社会对电商人才的需求。

四、数字经济新时代高校应用型电商人才培养的新举措

2018 年 6 月，教育部高等教育司召开新时代全国高等学校本科教育工作会议，会上教育部党组书记、部长陈宝生同志强调，高教大计、本科为本，把人才培养的质量和效果作为检验一切工作的根本标准。对大学生要合理“增负”，提升大学生的学业挑战度；要不断推动办学理念创新、组织创新、管理创新和制度创新。对于目前高校应用型电子商务专业的人才培养现状，结合数字经济新时代下社会和企业的新要求，可以从课程体系、实践体系、以赛促学这三个方面对电商人才的培养提出改革思路。

第一，课程体系建设采用“核心基础 + 专项特色”“2+2”形式。其中，大一大二阶段，教授核心基础课程包括大学英语、经济数学、管理学原理、电子商务概论、国际贸易、市场营销、物流管理、高级程序设计、图像处理技术等相关基础知识为主，让学生全面、扎实地掌握理论知识。大三大四阶段，采用选修课的形式根据行业就业岗位的设置，开设专项的特色课程。学生可以根据个人的兴趣爱好和特长，选择不同的就业方向，进行课程的选择。例如电子商务平台运营、网络营销、电子商务网站设计开发等特色课程，可以与企业合作，以教学见习、“产学研”、顶岗实习等模式，让学生在课内课外通过实战的方式更深刻地学习专业的内容。

第二，电子商务专业实战性强，采用“课程实践 + 顶岗实习 + 企业实战 + 毕业实习”

多层次分步递进构建完善的实践体系。课内理论教学加上课堂实践教学环节，可以让学生模拟企业的项目组形式，组建团队，完成特定的任务。鼓励学生利用 PDCA、六顶思考帽、360 度绩效环评等方式开展实践环节，鼓励学生在实践中勇于创新，让学生更容易地融入企业的团队氛围。

采用灵活多样、深度的校企合作模式，让企业高管参与课堂授课，让高校教师参与企业项目。针对中小型创新电子商务企业，可以与电子商务产业园或孵化基地开展合作，让更多的学生参与到电子商务的创新和创业。

第三，以赛促学，赛教融合。每年全国、各省市、各大高校都会组织有关电子商务专业方面的技能竞赛，如“三创大赛”、跨境电商大赛、移动商务技能竞赛等。大力鼓励学生组织跨专业的团队参加比赛，有利于激发学生的学习兴趣和热情。通过赛前准备阶段、竞赛阶段、赛后阶段等过程中，让学生提升电子商务的理论知识、实践技能、创新意识和团队意识。同时，通过专业带队教师的参与，也可以使教师不断地提升自己的专业知识体系、实践经验能力，更加注重专业课实践环节的前瞻性与实用性。在参与各类电子商务技能竞赛，可以客观地反映学校的教育质量，展现学生的实践实力，为企业输送更多的优秀人才。

综上所述，在数字经济新时代的电子商务行业挑战与机遇并存，应用型电商人才培养必须与时俱进。在全面开展校企合作的前提下，针对电子商务行业就业岗位的需求，制定有效的课程体系和实践体系，培养具有较强实战经验、具备综合职业素养、具备创新意识的应用型电子商务运营与管理人才。

第五节　数字经济时代跨境电子商务对税收的影响

随着经济的发展，社会的进步，在当前形势下，以网络为主体的信息时代，人们以网络为依托，进而形成了“互联网 +”。就整体而言，最为重要的是以数字技术为核心的数学经济。在一定程度上讲，数字经济的诞生，给国家以及征税机关带来了较大的挑战，不仅打破了传统商业模式，同时也改变了价值模式，并对当前常设机构规则具有一定的挑战性，尤其是其中的跨境电子商务。因此，在新时期，常设机构规则改革，在国际应形成共识。我国应抓住机遇，并积极主动地参与到国家税收规则制定之中，这样才能确保国家税收具有一定的权益，才能将“互联网 +”进行利用，最终构建出良好的税收制度，才能更好地维护国家权利，才能在真正意义上促进国家良好发展。本节将针对数字经济背景下跨境电子商务对税收的影响进行针对性探讨。

在 2014 年，委托经合组织，发布了一些行动计划，其中主要是以税基侵蚀以及利润转移为核心。另外，其中的行动计划成果主要是以数字经济面临的税收挑战为基准。在这项报告中明确指出，在行动计划中明确显示，并没有涉及行动计划以及税收规则制定等，同时没有得到有效解决。另外，在当前形势下，各国之间存在着问题争议的情况，并进入到全新时期。针对数字经济来讲，在税基侵蚀以及利润转移行动计划中，具有准确性描述，其中数字经济主要是以信息和通信技术为核心，并处在转型时期，进而带来产物。对于TCT革新，能够确保科技具有便利性，并具有重要影响力且具有标准化特征，在经济领域中，对商业流程不断优化。另外，在一些欧盟专家小组中，其认为随着TCT的变化，数字经济得到了不断变化，进而定义是什么构成了数字经济，存在着一些明显的难度性。从总体而言，主要是以计算机网络通信技术为核心，一种特殊的经济运行系统，商品和经济交易活动自身的网络化，构成本质性特征。

一、数字经济对常设机构具有严重影响

在当前形势下，在一些国家的所得税法中具有明确性规定，即没有常设机构，最终不能进行征税。具体来讲，以非居民企业为例，主要是以东道国自身营业利润为核心。假如非居民企业来源国境内，没有常设机构，不能将非居民企业中的营业利润，进行全面征税。另外，对于常设机构来讲，数字经济在例外条款中，对其存在着挑战。相对而言，在常设机构中，数字经济对其出场规则存在着挑战，对其常设机构相关例外条款具有一定的挑战性。在当前形势下，国际税收协议范本包含两方面内容，一种是联合国范本，另一种是OECD范本。在范本中，规定了常设机构例外条款，主要是非居民企业进行设立的机构场所等，并以收集信息为辅助，假如非居民企业其业务不再归其所有，该场所机构并不会形成常设机构。例如一些网店以所得来源国为核心，并设立了仓库，最终称之为本企业“仓储”，能够为企业提供辅助性活动，还能有效规避税收。

二、OECD数字经济行动计划的全面进展

从上述案例分析得出，随着数字技术的快速发展，一些跨国公司对数字技术进行充分性利用，并改变了经营模式，并进行相关税收筹划，进而能够规避纳税义务。但也导致侵蚀了主权国家税基和相应利润转移，不仅对国家税收权利具有损害性，同时也导致流失大量的税收利益。虽具有行动计划，但国际征税以国家双边税收协议为核心，国家税制具有一定的差异性，同时国际税收沟通不能与税收筹划相一致，最终造成税收规则留有空白。虽然为纳税人税收筹划提供一定的便利性，但也损害了国家的税收利益。

三、数字经济背景下跨境电子商务对税收的影响

在当前形势下，跨境电子商务与传统电子商务存在着差异。跨境电子商务能够提供相关平台，主要为展示商品，并展示一些服务信息，同时还支持交易，在跨境电子商务平台中进行交易，最终完成支付。具体而言，跨境电子商务，由传统信息展示转换为在线交易。

在一定程度上，对于国际税收来讲，对跨境电子商务交易具有一定的挑战，主要体现在以下几方面内容。

（一）跨境电子商务对常设机构具有一定的挑战

跨境电子商务，在交易过程中，以网络为重要依托，不需以特定地方为主体进行交易。换言之，在常设机构规则中，跨境电子商务对其固定场所规则具有严峻挑战。基于交易双方国家，其中就买方国家而言，假如不能判定卖方国家营业场，将造成信息获取存在着一定的难度，同时也会改变卖方经营地点，进而造成在买方国家形成常设机构，同时不能将营业利润进行管辖权征税，丧失一定的利益。对于跨境电子商务来讲，买卖双方可以利用网络进行交流。换言之，在跨境电子商务交易中，对于实际谈判，或签订合同等，可以对网络进行充分性利用，不需买方以及卖方出场完成。

（二）跨境电子商务造成企业滥用常设机构中的例外条款

企业在发展过程中，会利用税收筹划，进而将来源国设立场所业务作为一种准备性活动，最终认定为常设机构。这样的方式，在数字经济下，达成具有一定的容易性。对于公司主营业务不为辅助性活动，即公司可以在居民身份所利用网络与客户进行交易，同时签订一些合同等。如果存在一些客户由于一些原因，与公司业务员具有紧密性联系，公司依据业务员自身性质，设置规避等。

（三）国内外案例针对性分析

就整体而言，谷歌公司主要设立在爱尔兰，具有控股公司，其中设立资产包含搜索和广告一些无形资产，同时谷歌爱尔兰主要对谷歌英国以外广告业务进行处理。对于企业而言，认为其在英国业务主要是依靠网络进行的一种自助性交易，仅仅有一些客户和谷歌业务员具有密切沟通。公司理念认为，英国业务员的一些活动不在经营活动范畴内，进而作为一种辅助性活动，不能作为生产经营中的组成部分。因此，不能划分为谷歌爱尔兰英国下的常设机构。在新时期，作为英国税务机关，不能对收入进行大量征税。但英国税务机关并不认同企业做法，其存在两种观点，一种是虽有一些跨境交易，需谷歌员工以及英国顾客密切联系，具体而言，在谷歌爱尔兰收入中，交易极少占有一定的比例。另一种是，在谷歌爱尔兰中，其业务员活动归属为经营性活动，并不是辅助性活动。针对英国税务机关进行有效调查，最终发现，在员工招聘过程中，谷歌爱尔兰对销售能力具有一定的要求，进而证明了员工进行的活动不为辅助性活动。因此，基于两个事实可以认定，谷歌爱尔兰员工进行的经营活动，参与了境内经营活动，同时创造出巨大利益，最终构成了谷歌爱尔兰的常设机构。

在国内，对于高科技公司来讲，主要将邮件和电话进行有效利用，最终与境外企业进行联系，同时进行相关交易。不管交易谈判，或者是服务，都是以网络为基准，没有经过中国海关。因此，作为境外企业，在申报纳税中，与中国海关对税收问题产生疑问，最终结果为业务没有经过海关，同时缺乏税收法规对其进行规定。除此之外，企业业务并没有在中国形成相关的常设机构，同时中国海关对业务没有进行征税，企业快速地完成了交易，同时还获得一定的税收利益。

四、数字经济下应怎样进行税收征管

（一）数字经济对税制要素进行针对性分析，并积极完善税收征管体系

对于BEPS行动计划来讲，涉及跨境交易一些税收问题，因此，各个层面含有现实意义，同时中国对这一领域也十分关注。在新的形势下，我国应对税制特点进行研究，还应及时修地改法规以及规定，并积极借鉴OECD等经验，这样才能更好地完善征管体系。

在新的形势下，从数字经济挑战中能够看出，各国开始进行相关活动。在2014年度报告中具有明确性规定，其中包含四方面内容。第一，提出联结规则。第二，利用“移除”方式进行防范。第三，利用显著存在对常设机构进行判断。第四，提出终端预提税这样的方案。在第一种方案中的征税效率，主要是征税效率，利用金融机构，进而改变消费者承担。另外，另一种方式是利用累进方式，当宽带利用量高于企业限度，便进行征税。2015年年度报告，对最终预提税进行了针对性分析，将其中的显著存在以及显著数字等，概括为显著经济存在。

对于国际税收管辖权，具有一定的争议，作为中国，应以维护税收利益为核心，并借鉴国际经验。另外，应以居民管辖权和地域管辖权原则为基准，这样才能构建出科学的法律框架。

（二）与各国之间进行紧密性联系，并积极协调各国税收争议

在当前形势下，数字经济得到了良好的发展，同时税收矛盾具有明显变化，同时具有一定的复杂性。在一定程度上讲，由于经济全球化以及跨境一体化特点，对于国际税收问题，不能局限在个别国家，应积极修改税制和法规。各国之间应全面协调，我国应和各国进行密切沟通，并对信息交流机制进行完善，抓住机遇，真正参与到税基侵蚀以及利润转移制定之中，并迎接数字经济挑战。除此之外，还应利用“互联网+”，这样才能在真正意义上构建出与数字经济相协调的相关税收制度。

总而言之，当前时代，是以网络为核心的一种信息时代，其中最为主要的是以数字技术为主，进而诞生的数字经济为主体。相对而言，数字经济摒弃了传统商业模式，对价值模式也具有改变性作用。在新的形势下，各国之间应达成共识，改革常设机构规则，这样才能更好地保护国家税收利益，才能在真正意义上促进国家经济的全面发展。

参考文献

[1] 楮福录 . 管理通论 [M]. 北京：经济科学出版社，2004.

[2] 姜红波 . 电子商务概论 [M]. 北京：清华大学出版社，2009.

[3] 王学东 . 企业电子商务管理 [M]. 北京：高等教育出版社，2002.

[4] 吴清烈 . 电子商务管理 [M]. 北京：机械工业出版社，2009.

[5] 李海刚 . 电子商务管理 [M]. 北京：上海交通大学出版社，2009.

[6] 特伯恩，等 . 电子商务：管理新视角 [M]. 王理平，等，译 . 北京：电子工业出版社，2003.

[7] 特班，等 . 电子商务管理视角 [M]. 严建援，等，译 . 北京：机械工业出版社，2007.

[8] 周三多 . 管理学 [M]. 北京：高等教育出版社，2007.

[9] 娄策群 . 信息管理学基础 [M]. 北京：科学出版社，2009.

[10] 赵守香，王雯 . 企业信息化 [M]. 北京：清华大学出版社，2008.

[11] 黄敏学 . 企业电子商务 [M]. 武汉：武汉大学出版社，2001.

[12] 章学拯 . 电子商务 [M]. 上海：上海人民出版社，2001.

[13] 甘早斌 . 电子商务概论 [M]. 武汉：华中科技大学出版社，2000.

[14] 冯科，何理 . 互联网消费金融的创新 [J]. 中国金融，2016(11)：32-34.

[15] 王晋之，胡滨 . 互联网消费信贷风险分析与应对 [J]. 金融与经济，2017(3)：41-45.

[16]Tufano.Consumer Finance[J]Annual Review of Financial Economics，2009，1(1)：227-247.

[17] 王长英．我国农村电子商务的现状及发展策略 [J]．中国市场，2017(15).

[18] 伍政．农村电子商务的发展思路与优化策略 [J]．经营管理者，2016(16).

[19] 陈哲谦．农村电子商务发展面临的问题与应对策略 [J]．科技创新导报，2016，13(18).

[20] 罗达强．发展农村电子商务策略刍议 [J]．现代经济信息，2016(19).